Unternehmen Deutsch

Lehrwerk für Wirtschaftsdeutsch

Arbeitsheft

Christa Wiseman

Unternehmen Deutsch

Arbeitsheft

von Christa Wiseman

Unter Leitung und Mitwirkung der Verlagsredaktion Mitarbeit an diesem Werk:
Heather Jones,
Verlagsredakteurin

Herausgegeben von:
Chancerel International
Publishers Ltd.
120 Long Acre
London WC2E 9ST

© Chancerel International
Publishers Ltd. 1996, 2000
Alle Rechte vorbehalten

Typografie und Layout:
Gabriele Kern

Umschlag: Gregor Arthur

Druck: Italien

Aktualisiert und rechtschreib-reformiert: TextMedia,
Erdmannhausen, 2000

Bildquellen
Bahlsen KG S. 74; F. Cassavetti S. 36, 39, 56; Chancerel S. 24; Jan Chipps S. 26, 31, 53; Deutsche Telekom Medien GmbH S. 48; Deutscher Instituts-Verlag GmbH S. 32, 84; Flughafen Frankfurt Main AG S. 63; H. Jones S. 23, 61; Grabner Luftboote + Sportartikelfabrik S. 69; C. Knight S. 7, 14, 18, 33, 50, 60; Landmann GmbH & Co. KG S. 68; DaimlerChrysler AG S. 66; Ondura Ltd S. 17; ThyssenKrupp AG S. 9

Textquellen
Bahlsen KG S. 74; Deutsche Telekom Medien GmbH S. 43; Die Deutsche Kunststoff Industrie S. 81; Grabner Luftboote + Sportartikelfabrik S. 69; Hugo Matthaes Druckerei und Verlag GmbH & Co. KG S. 55; Rega Hotel Stuttgart S. 54; Tengelmann Warenhandelsgesellschaft S. 87/88

PN 5 4 3 2 1 / 04 03 02 01 00

Inhalt

1 Herzlich willkommen!

1.1

A Dialoge: Einen Besucher empfangen

Sie empfangen eine/n Firmenbesucher/in. Schreiben Sie zwei kurze Dialoge mit Hilfe der folgenden Sätze.

B Fragewörter

Setzen Sie die Fragewörter ein: *Wie?* (3x) *Was für? Wo? Woher? Wie lange? Wann?*
Welche Antwort passt zu welcher Frage?

1 _____ war die Reise?

2 _____ ist das Wetter in Deutschland?

3 _____ ist Ihr Hotel?

4 _____ waren Sie das letzte Mal hier?

5 _____ gefällt es Ihnen hier?

6 _____ kommen Sie in Deutschland?

7 _____ wohnen Sie schon dort?

8 _____ eine Stadt ist Berlin?

a) Vor drei Monaten, auch geschäftlich.

b) Aus Bremen, aber ich wohne jetzt in Berlin.

c) Seit zehn Jahren.

d) Gut, danke. Wir sind pünktlich gelandet.

e) In der Stadtmitte, beim Bahnhof.

f) Meiner Meinung nach die interessanteste Stadt in Deutschland.

g) Sehr gut. Es ist eine schöne Stadt.

h) Sonnig, aber kalt.

C Fragen ohne Fragewörter

Schreiben Sie die Fragen zu diesen Antworten. **NB** Manchmal gibt es mehr als eine Möglichkeit.

1 **A**: _____ ?

B: Ja, danke, ohne Probleme. Ich bin mit dem Taxi vom Hotel gefahren.

2 **A**: _____ ?

B: Ja, ich bin mit dem Hotel sehr zufrieden. Ich habe eine schöne Aussicht.

3 **A**: _____ ?

B: Nein, ich komme oft geschäftlich hierher.

4 **A**: _____ ?

B: Ja, es gefällt mir hier sehr gut. Ich finde die Leute sehr freundlich.

5 **A**: _____ ?

B: Nein, ich wohne seit fünf Jahren in Frankfurt, komme aber aus Bremen, im Norden.

6 **A**: _____ ?

B: Ja, ich wohne sehr gern dort. Frankfurt ist eine sehr lebendige Stadt.

A Unbestimmter Artikel und Negativartikel

Setzen Sie die Artikel im Akkusativ ein:
einen (M.) / eine (F.) / ein (N.) oder *keinen/keine/kein*

1 **A:** Möchten Sie (1) _____ Kaffee?

   B: Nein danke, ich habe (2) _____ Durst.

2 **A:** Möchten Sie (3) _____ Cola?

   B: Ich trinke lieber (4) _____ Glas Mineralwasser.

3 **A:** Nehmen Sie (5) _____ Keks?

   B: Danke, ich habe (6) _____ Hunger.

4 **A:** Darf ich Ihnen (7) _____ Tee bringen?

   B: Ja bitte, ich trinke gern (8) _____ Tasse Tee.

   A: Nehmen Sie den Tee mit Milch oder Zitrone?

   B: Mit Zitrone bitte, ich trinke (9) _____ Milch.

5 **A:** Möchten Sie (10) _____ Bier?

   B: Danke, ich darf (11) _____ Bier trinken. Ich muss noch Auto fahren.

B Um etwas bitten

Setzen Sie ein: *Könnte ich?* oder *Könnten Sie?* Welche Antwort passt zu welcher Frage?

1 _____ Ihre neue Preisliste sehen?

2 _____ mir diesen Bericht kopieren?

3 _____ Herrn Braun vom Flughafen abholen?

4 _____ einen Aschenbecher haben?

5 _____ mir helfen?

a) Kann das jemand anderer tun? Ich bin im Moment sehr beschäftigt.

b) Was kann ich für Sie tun?

c) Es tut mir Leid, hier dürfen Sie nicht rauchen.

d) Ja, natürlich. Brauchen Sie ihn sofort?

e) Die ist leider noch nicht fertig.

C Wortschatz: Verben

Setzen Sie ein passendes Verb aus dem Kasten ein. Benutzen Sie jedes Verb nur einmal.
NB Ein Verb passt nicht.

haben	schicken	anrufen	bringen	brauchen	zeigen

1 Darf ich meine Firma _____ ?

2 Kann ich ein Glas Wasser _____ ?

3 Könnten Sie mir Ihre Preisliste _____ ?

4 Könnte ich ein Fax nach Deutschland _____ ?

5 Darf ich Ihnen einen Kaffee _____ ?

A   Fragen und Antworten

Schreiben Sie Fragen über Herrn Klein und Frau Schulz. Ergänzen Sie die Antworten mit Hilfe der Informationen auf den Visitenkarten.

1 _____ ?

   _____ ist Max Klein.

2 _____ ?

   Die Firma ist in _____

3 _____ ?

   Arnestraße 26, _____

4 _____ ?

   (0 40) 25 19 37.

5 _____ ?

   Sie arbeitet bei _____

6 _____ ?

   Sie ist _____

7 _____ ?

   (0 69) 1 87 63 45 - 8.

8 _____ ?

   (0 69) 73 40 65 28.

Fritz Blum GmbH

Max Klein
Produktionsleiter

Fritz Blum GmbH,
Arnestraße 26, 22045 Hamburg
Tel. (0 40) 25 19 37
Privat (0 40) 75 81 38

Ernst & Co AG

Erna Schulz
Einkaufsleiterin

Herderplatz 15, 60316 Frankfurt

Telefon (0 69) 1 87 63 45, Durchwahl (0 69) 1 87 63 45 - 8
Telefax (0 69) 1 87 60 49

Privat: Heerstraße 14, 60488 Frankfurt,
Telefon (0 69) 73 40 65 28

B   Possessivartikel *mein, Ihr*

Setzen Sie ein: *mein/meine/meinen* oder *Ihr/Ihre/Ihren*

1 **A:** Entschuldigen Sie, wie ist (1) _____ Name nochmal?

   B: (2) _____ Name ist Koch. Hier ist (3) _____ Karte.

2 **A:** Darf ich (4) _____ Mantel nehmen?

   B: Danke. Und wo kann ich (5) _____ Koffer abstellen?

   A: (6) _____ Koffer können Sie dort in die Ecke stellen.

3 **A:** Kennen Sie (7) _____ Kollegin, Frau Krämer?

   B: Nein, wir kennen uns nicht. Guten Tag!

4 **A:** Ich schicke Ihnen den Prospekt morgen. Was ist (8) _____ Adresse bitte?

   B: (9) _____ Adresse ist Humboldtstraße 110.

5 **A:** Ist das (10) _____ Auto?

   B: Nein, (11) _____ Auto steht dort drüben.

A Wie viel Uhr ist es?

1 Welche Uhrzeit passt zu welcher Uhr?

a) Viertel nach acht   b) halb zehn   c) fünf vor halb elf   d) fünf nach halb eins
e) Viertel vor zwei   f) zehn nach drei   g) zwanzig nach vier   h) Mittag

1 _____

2 _____

3 _____

4 _____

5 _____

6 _____

7 _____

8 _____

2 Schreiben Sie die Uhrzeiten auf. Benutzen Sie die 12-Stunden Uhr, z.B.:

9.10 Uhr   *zehn nach neun*

1 11.15 Uhr _____

2 13.40 Uhr _____

3 14.25 Uhr _____

4 15.35 Uhr _____

5 18.50 Uhr _____

B Wortstellung: Inversion

Schreiben Sie die Sätze neu. Beginnen Sie mit den **fett gedruckten** Wörtern, z.B.:

Wir essen **um 12.30 Uhr** zu Mittag.   *Um 12.30 Uhr essen wir zu Mittag.*

1 Mein Auto steht **draußen**. _____

2 Sie kennen **den Exportleiter** ja schon. _____

3 Sie sehen **zuerst** eine Produktpräsentation. _____

4 Rauchen ist **leider** nicht erlaubt. _____

5 Ich habe **das** nicht verstanden. _____

C Trennbare Verben

Setzen Sie das richtige Wort aus dem Kasten ein. Benutzen Sie jedes Wort nur einmal.
NB Ein Wort passt nicht.

teil	ab	vor	nach	zu	statt	mit	auf	an

1 Um 10.00 Uhr findet ein Vortrag _____

2 Ich stelle Ihnen die Chefin _____

3 Kommen Sie bitte _____

4 Sie nehmen an einer Sitzung _____

5 Stellen Sie den Koffer hier _____

6 Ich rufe Sie nächste Woche _____

7 Hören Sie bitte _____

8 Das Seminar hört um 17.15 Uhr _____

D Trennbare Verben mit Modalverben

Formen Sie die Sätze um, z.B.:

Kommen Sie bitte **mit**! **Könnten** Sie *bitte mitkommen?*

1 Sie **nehmen** an einer Sitzung **teil**. **Möchten** Sie _____ ?

2 Ich **rufe** Sie morgen **an**. **Kann** ich _____ ?

3 Ich **mache** das Fenster **auf**. **Darf** ich _____ ?

4 Ich **stelle** Ihnen meinen Chef **vor**. **Darf** ich _____ ?

5 Er **holt** mich vom Flughafen **ab**. **Kann** er _____ ?

E Fragewörter

Zwei Seminarteilnehmer unterhalten sich in der Kaffeepause.
Setzen Sie die Fragewörter ein:
wann? wie? wo? wer? woher? worüber? welcher?

A: Guten Tag, mein Name ist Wiener.

B: Freut mich! Stern. (1) _____ kommen Sie?

A: Aus Münster. Und Sie?

B: Aus Berlin. Ich bin Dozent an der Humboldt-Universität. Und von (2) _____ Organisation sind Sie?

A: Ich bin Assistentin an der Technischen Hochschule in Münster. (3) _____ finden Sie das Programm bis jetzt?

B: Interessant, aber anstrengend! Sind Sie Referentin?

A: Ja, leider!

B: (4) _____ sprechen Sie?

A: Über Qualitätssicherung. Wissen Sie, (5) _____ die Gruppendiskussion leitet?

B: Ich glaube, Dr. Walter, aber ich bin nicht sicher. (6) _____ ist eigentlich das Mittagessen?

A: Um 12.30 Uhr, so viel ich weiß.

B: Und (7) _____ ?

A: In einem kleinen Lokal hier ganz in der Nähe.

A Bestimmter Artikel

Setzen Sie die Artikel im Nominativ oder im Akkusativ ein: *der* oder *den*

1 _____ Sitz der Firma ist in Hamburg.

2 Kennen Sie _____ Geschäftsführer, Herrn Martin?

3 Das ist _____ Einkaufsleiter, Herr Roth.

4 Trinken Sie _____ Kaffee schwarz oder mit Milch?

5 Hier sehen Sie _____ Empfang.

6 _____ Fotokopierer ist hier links.

B Wortpartner

1 Welche Wörter passen zusammen?

1 Designs	a) ausliefern
2 die Produktion	b) abrechnen
3 in neue Maschinen	c) einkaufen
4 Material	d) entwerfen
5 Löhne und Gehälter	e) ausführen
6 die Fertigprodukte	f) planen
7 Reparaturen	g) investieren

2 Welche Abteilung macht das?

1 _____ entwirft neue Designs.

2 _____ plant die Produktion.

3 _____ rechnet die Löhne und Gehälter ab.

4 _____ liefert die Fertigprodukte aus.

5 _____ führt Reparaturen aus.

C Wortbildung

Schreiben Sie die Substantive auf, die man von diesen Verben bildet.

trennbare Verben

1 ausbilden   die _____

2 vorbereiten die _____

3 anfertigen   die _____

4 einkaufen   der _____

5 teilnehmen   der _____

nicht trennbare Verben

1 besuchen   der _____

2 empfangen der _____

3 entwerfen der _____

4 vertreiben der _____

5 vertreten der _____

           die _____

Wenn man Wirtschaftsdeutsch lernt, muss man ein gutes Wörterbuch haben. Ihr Wörterbuch sollte zumindest 80.000 Stichwörter haben. Wenn es zu klein ist, bietet es nicht genug Informationen zu den einzelnen Wörtern.

Im Wörterbuch finden Sie natürlich die **Bedeutung** eines Wortes. Sie finden aber auch andere nützliche Informationen, z.B.:

Grammatische Informationen:
– Wortkategorie (Adjektiv, Adverb, Präposition usw.)
– Geschlecht (Maskulinum/Femininum/Neutrum) und Pluralformen von Substantiven
– trennbare Verben, unregelmäßige Verbformen usw.

Idiomatische Informationen:
– In welchem Kontext benutzt man das Wort, mit welchen Präpositionen usw.
– Beispielsätze, idiomatische Phrasen usw.

Benutzen Sie Ihr Wörterbuch für die folgenden Übungen. Das wird Ihnen helfen, es besser kennenzulernen.

A Flexion

Viele Wörter lesen oder hören Sie in einer Form, die Sie nicht im Wörterbuch finden, z.B.:

Das **stimmt**.
(Schlagen Sie im Wörterbuch nach unter *stimmen* = Infinitiv.)

Hier ist das Büro des **Geschäftsführers**.
(Schlagen Sie nach unter *Geschäftsführer* = unflektiertes Substantiv.)

Wir essen in einem **typischen** Restaurant.
(Schlagen Sie nach unter *typisch* = unflektiertes Adjektiv.)

Schreiben Sie das **fett gedruckte Wort** in der unflektierten Form auf.

1 Der Sitz des **Unternehmens** ist in Kassel. _____

2 Frau Braun **fährt** mit dem Taxi zum Büro. _____

3 Herr Koch ist ein **potenzieller** Großkunde. _____

4 Hier rechnen wir die **Gehälter** ab. _____

5 Hier **bilden** wir die Auszubildenden **aus**. _____

B Wortbedeutung

Entscheiden Sie, welches Verb man **nicht** mit dem Substantiv benutzen kann, z.B.:

ein Programm vorbereiten / planen / ~~besuchen~~

1 die Produktion planen / anfertigen / überprüfen

2 ein Taxi führen / nehmen / fahren

3 eine Frage wiederholen / stellen / vorstellen

4 ein Produkt arbeiten / herstellen / lagern

5 den Arbeitsprozess erklären / zählen / beschreiben

C Mehr als eine Bedeutung

Manchmal hat ein Wort mehr als eine Bedeutung und man muss für einen bestimmten Kontext die richtige Bedeutung finden. Übersetzen Sie die folgenden Sätze in Ihre Muttersprache.

1 a) **Wählen** Sie die Nummer noch einmal.
  b) **Wählen** Sie eines von den folgenden Themen.
  c) Das Volk **wählt** den Bundestag.

2 a) Wir sind ein mittelgroßes **Unternehmen**.
  b) Das ist ein schwieriges **Unternehmen**.

D Verben: trennbar oder nicht trennbar?

Wie markiert Ihr Wörterbuch die trennbaren und nicht trennbaren Verben?
Schreiben Sie die Verben in zwei Gruppen auf.

| abholen | verkaufen | anrufen | ausliefern | benutzen |
| entwickeln | herstellen | empfangen | aufhören | überreichen |

trennbar

abholen _____

_____

_____

_____

_____

nicht trennbar

_____

_____

_____

_____

_____

E Präpositionen

Setzen Sie die richtigen Präpositionen ein. Schlagen Sie im Wörterbuch unter dem **fett gedruckten** Wort nach, z.B.:

Herr Krämer **spricht** *über* Lean Production.

1 Sie **nehmen** _____ einer Sitzung der Marketing-Gruppe **teil**.

2 Wir haben _____ neue Maschinen **investiert**.

3 Ich **freue** mich _____ unsere Zusammenarbeit.

4 **Vergleichen** Sie unsere Preise _____ der Konkurrenz!

5 Sie sollten _____ das Angebot **nachdenken**!

6 Der Kunde möchte sich _____ unsere Qualitätssysteme **informieren**.

F Unregelmäßige Verbformen

Wie markiert Ihr Wörterbuch die starken (unregelmäßigen) Verben? Setzen Sie das Partizip II des Verbs in Klammern ( ) in die Sätze ein.

1 **A:** Mit welcher Fluglinie sind Sie (1) _____ (kommen)?
  B: Mit der Lufthansa.

2 **A:** Haben Sie das Büro leicht (2) _____ (finden)?
  B: Ja, danke, ich bin mit dem Taxi (3) _____ (fahren).

3 **A:** Möchten Sie etwas trinken?
  B: Nein, danke, ich habe schon einen Kaffee (4) _____ (trinken).

4 **A:** Ist das Wetter in Deutschland so schön wie hier?
  B: Ja, diese Woche hat die Sonne jeden Tag (5) _____ (scheinen).

2 Rund um die Firma

2.1

A Pluralformen

Ordnen Sie die Wörter unter den verschiedenen Pluralformen.

das Fahrrad	die Maschine	der Wagen	das Produkt	das Auto
die Firma	der Hersteller	das Gerät	das Video	das Fahrzeug
die Abteilung	das Wort	das Büro	das Unternehmen	das Tonband

-e	-(e)n	⸚er	-	-s
Produkte	_____	_____	_____	_____
_____	_____	_____	_____	_____
_____	_____	_____	_____	_____

B Relativsätze

1 Setzen Sie das richtige Relativpronomen ein: *der/die/das*

1 Das ist ein Unternehmen, _____ für seinen technischen Vorsprung bekannt ist.

2 Herr Braun ist ein Kunde, _____ für uns sehr wichtig ist.

3 Siemens ist eine Firma, _____ sehr unterschiedliche Produkte herstellt.

2 Formen Sie die Sätze in Relativsätze um, z.B.:

Dieser Betrieb stellt Arzneimittel her. *Das ist ein Betrieb, der Arzneimittel herstellt.*

1 Diese Maschine hat viele technische Neuheiten. *innovations*

_____

2 Der Wagen hat ein rassiges Image.

_____

3 Das System ist für uns ganz neu.

_____

C Unbestimmter Artikel und Negativartikel

Setzen Sie ein: *einen/eine/ein* oder *keinen/keine/kein*.

A: Herr Blau, haben Sie (1) *ein* Auto?

B: Nein, ich brauche (2) *keinen* Wagen, ich habe (3) *ein* Fahrrad.

A: Welche elektrischen Geräte haben Sie in der Küche?

B: Natürlich (4) *eine* Waschmaschine und (5) *einen* Kühlschrank, aber (6) *keine* Geschirrspülmaschine, dazu ist meine Küche zu klein.

A: Und haben Sie (7) *einen* Fernseher?

B: Nein, ich habe (8) *keinen* Fernseher, in meiner Freizeit habe ich bessere Dinge zu tun!

A   Unbestimmter Artikel im Nominativ + Adjektiv

Formen Sie die Sätze um, z.B.:

Die Firma ist groß.   *Das ist eine große Firma.*

1 Das Produkt ist neu.   *ein neues Produkt*

2 Die Stadt ist schön.   *eine schöne Stadt*

3 Der Wagen ist schnell.   *ein schneller Wagen*

4 Der Markt ist neu für uns.   *ein neuer Markt*

5 Die Firma ist erfolgreich.   *eine erfolgreiche Firma*

B   Präposition mit dem Dativ

Setzen Sie ein: *In welchem/In welcher* und *im/in der* oder *in den* (Pl.)

1 **A:** (1) *In welcher* Branche ist Ihre Firma tätig, Herr Rieder?

   B: Wir sind (2) *im* Maschinen- und Anlagenbau tätig, (3) *in der* Luft- und Raumfahrtindustrie

   und (4) *im* Bereich Elektrotechnik.

2 **A:** (5) *In welchem* Bereich ist Ihre Firma aktiv, Frau Reinke?

   B: Wir sind (6) *in der* Energiewirtschaft tätig, aber wir sind auch (7) *im* Dienstleistungssektor

   vertreten, z.B. (8) *in den* Bereichen Handel und Verkehr.

C   Wortbildung

1 Bilden Sie neue Wörter: Wort + Wort

A	B	
das Kraftfahrzeug	der Hersteller	*der Kraftfahrzeugbau*
der Sport	die Wirtschaft	
der Stahl	der Wagen	
die Kunst	der Bau	
die Energie	der Stoff	

2 Bilden Sie neue Wörter: Wort + *s* + Wort.

A	B	
die Spedition	der Sektor	*die Speditionsfirma*
die Versicherung	die Elektronik	
die Investition	die Gesellschaft	
die Dienstleistung	die Güter	
die Unterhaltung	die Firma	

A Zahlen

Beantworten Sie die Fragen. Schreiben Sie die Zahlen in Wörtern, z.B.:

Wie hoch ist der Umsatz Ihrer Firma? *Etwa siebenundfünfzig Millionen Pfund.*

1 Wie viele Kursteilnehmer haben Sie in Ihrem Deutschkurs? _____

2 Wie viele Mitarbeiter hat Ihre Firma? _____

3 Wie viele Tage hat ein Jahr? _____

4 Wie viele Einwohner hat Ihr Land? _____

5 In welchem Jahr sind Sie geboren? _____

6 Wie hoch ist die Mehrwertsteuer in Ihrem Land? _____

B Komparativformen

Setzen Sie die Komparativformen der Adjektive ein.

1 Die Nachfrage ist _____ (stark) als voriges Jahr.

2 Unser Umsatz ist dieses Jahr _____ (hoch) als im Vorjahr.

3 Unser Lager ist jetzt viel _____ (groß).

4 Wir beschäftigen jetzt 55 Mitarbeiter. Letztes Jahr war die Mitarbeiterzahl _____ (niedrig).

C Datenanalyse

Welche Kurven passen zu welchen Sätzen?

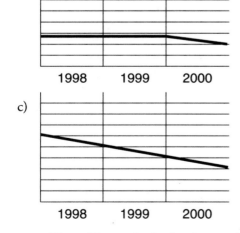
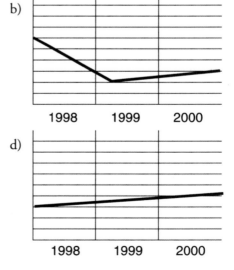

1 __ Unser Umsatz ist in den letzten drei Jahren stark gefallen.

2 __ Unser Auslandsanteil war letztes Jahr größer als 1999, aber kleiner als 1998.

3 __ Die Zahl der Beschäftigten ist in den letzten drei Jahren etwas gestiegen.

4 __ Der Umsatz war 1998 und 1999 gleich hoch, ist aber 2000 etwas gefallen.

A Firmen, Branchen und Länder

Ordnen Sie Firma, Branche und Land zu.

Firma	Wirtschaftszweig	Land
Novartis	Büromaschinen	Großbritannien
Wrigley	Elektrotechnik	Italien
Olivetti	Stahl	Japan
Canon	Chemie	die Niederlande
Voest-Alpine Linz	Nahrungsmittel	die Schweiz
Volvo	Computer	Schweden
Philips	Pharma	Amerika/die Vereinigten Staaten
ICI	Kraftfahrzeugbau	Österreich

B Hauptstädte

Setzen Sie das passende Adjektiv ein. Benutzen Sie Ihr Wörterbuch. Z.B.:

Die *deutsche* Hauptstadt ist Berlin.

1 Die _____ Hauptstadt ist Wien.

2 Die _____ Hauptstadt ist Bern.

3 Die _____ Hauptstadt ist Tokio.

4 Die _____ Hauptstadt ist Madrid.

5 Die _____ Hauptstadt ist Warschau.

6 Die _____ Hauptstadt ist Amsterdam.

7 Die _____ Hauptstadt ist Lissabon.

8 Die _____ Hauptstadt ist Athen.

C Informationen über eine Firma

1 Sie wollen einige Informationen über die Firma Schalk. Welche Fragen stellen Sie?

1 _____ ?
Die Schalk GmbH ist eine Papierfirma.

2 _____ ?
Wir stellen Verpackungsmaterial her.

4 _____ ?
Die Firma hat ihren Sitz in Düsseldorf.

5 _____ ?
Nein, wir haben keine Filialen. Wir haben nur dieses Einzelunternehmen.

6 _____ ?
Unser Umsatz beträgt zwischen 1,5 und 1,7 Millionen Euro im Jahr.

7 _____ ?
Wir beschäftigen 40 Mitarbeiter.

2 Beantworten Sie dieselben Fragen über Ihre eigene Firma oder eine Firma, die Sie kennen.

A Leseverstehen

1 Lesen Sie den Text und beantworten Sie die Fragen.

1 Was für eine Firma ist das?
2 Für welche Altersgruppe sind die Produkte gedacht?
3 Welche Zukunftspläne hat die Firma?

> „Wir sind ein mittelständischer Betrieb in der Textilbranche und existieren seit 1965. In unserer Fabrik hier in Reinighausen stellen wir Sport- und Freizeitbekleidung her. Seit der Gründung der Firma ist der Umsatz kontinuierlich gestiegen und beträgt heute rund 25 Millionen Euro. Insgesamt beschäftigen wir 145 Mitarbeiter.
>
> Wir sind vor allem daran interessiert, die junge Kundschaft zu erreichen. Unser Ziel ist, den Kunden modische und gleichzeitig preiswerte Qualitätsartikel anzubieten. Unsere Marke „Weekender" ist unter Teenagern besonders beliebt.
>
> Natürlich hoffen wi, unseren bisherigen Geschäftserfolg nicht nur zu erhalten, sondern auch zu erweitern. Wir versuchen insbesondere unsere Exportmärkte aufzubauen. Nächstes Jahr planen wir intensiv in den osteuropäischen Markt einzusteigen. Wir beabsichtigen eine Filiale in Osteuropa zu eröffnen, entweder in Polen oder in Ungarn."

2 Lesen Sie den Text noch einmal und <u>unterstreichen</u> Sie die Infinitivkonstruktionen, z.B.: <u>Unser Ziel ist</u>, den Kunden ... Qualitätsartikel <u>anzubieten</u>.

B Infinitiv + *zu*

Formen Sie die Sätze um, z.B.:

Wir planen den Verkauf einer Fabrik.   Wir planen(,) *eine Fabrik zu verkaufen.*

1 Wir planen den Bau eines neuen Werks.

Wir planen(,) ein neues Werk _____

2 Wir planen die Entwicklung eines neuen Produkts.

Wir planen(,) _____

3 Wir sind an dem Kauf einer neuen Maschine interessiert.

Wir sind interessiert(,) _____

4 Wir wollen unsere Exportmärkte aufbauen.

Unser Ziel ist(,) _____

C Wortschatz: Adjektive

Welche Adjektive passen zu den Substantiven?

sorgfältig	erstklassig	bekannt	umweltgerecht	erfolgreich
preiswert	führend	rationell	anwenderfreundlich	

1 das Unternehmen   *bekannt,* _____

2 die Rohmaterialien   _____

3 die Fertigungsmethode   _____

4 das Produkt   _____

Vokabeln lernen

Ein wichtiger Faktor beim Lernen einer Fremdsprache ist das Gedächtnis. Es gibt Lerntechniken, mit denen man das Gedächtnis verbessern kann. Die folgenden Übungen sollen Ihnen dabei helfen.

A   Wörter auswählen

Versuchen Sie nicht, alle neuen Wörter in einem Text aufzuschreiben und zu lernen. Entscheiden Sie, welche Wörter für Sie persönlich wichtig sind.

Lesen Sie den Text unten und befolgen Sie diese Schritte:

1 Überlegen Sie sich zuerst, was für ein Text das ist – z.B. eine Broschüre, ein Geschäftsbericht, ein Zeitungsartikel – und worum es geht. Überschriften und Bilder können dabei helfen.

2 Unterstreichen Sie die Wörter, die für Sie neu sind.

3 Versuchen Sie, die neuen Wörter aus dem Kontext zu erraten. Die anderen Wörter im Text können dabei helfen.

4 Wenn nötig, schlagen Sie die Wörter im Wörterbuch nach.

5 Unterstreichen Sie 3 – 5 Wörter, die Sie wichtig finden und die Sie lernen möchten.

ONDURA
Qualität durch Erfahrung

Ondura hat sich in den letzten 70 Jahren einen Ruf für Qualität und Dienstleistung sowie für technologischen Fortschritt geschaffen.

Wir haben jetzt eine Kapazität von 500 Tonnen pro Woche und können eine vollständige Serie konkurrenzfähiger Gummimischungen und Reifenbestandteile anbieten.

Ein wichtiges Ziel für Ondura ist die Bildung erfolgreicher Beziehungen mit unseren Kunden. Nur durch aktive Partnerschaft können wir uns den Herausforderungen der heutigen Reifenindustrie stellen.

Ondura hat ein voll ausgerüstetes Labor und eine Prüfabteilung, die alle Aspekte der Produktspezifikation überwacht. Diese Forschungs- und Entwicklungsabteilung bietet dem Kunden Hilfe und Ratschläge zu vielen Aspekten der Reifenherstellung.

B   Wörter aufschreiben

Schreiben Sie Wörter, die Sie lernen möchten, nicht in einer Liste auf! Am besten schreiben Sie Wörter auf kleine Karten, die Sie in einer Kartei ordnen können. Auf diese Weise finden Sie sie leicht wieder!

Schreiben Sie folgende Informationen auf die Karte:
- die Bedeutung in Ihrer Sprache. (Wenn Sie die Übersetzung auf die Rückseite schreiben, können Sie sich leicht testen.)
- grammatische Informationen, z.B. Geschlecht (M./F./N.), Plural, Perfekt usw.
- einen kurzen Beispielsatz, der zeigt, wie man das Wort im Satz benutzt.
- den Wortakzent.
- Manchmal kann man Wörter auch visuell darstellen. Zeichnen Sie ein Bild!

Auf S. 18 sehen Sie zwei Beispiele, wie man Wörter aufschreiben kann. Schreiben Sie die Wörter, die Sie im Text oben unterstrichen haben, in ähnlicher Form auf.

der Reifen (-)

Wir stellen Reifen her.

anlbieten

Partizip II angeboten

Was kann ich Ihnen zu trinken anbieten?

C Vokabeln ordnen

Unser Gedächtnis funktioniert besser, wenn wir neue Wörter mit anderen Wörtern verbinden. Hier sind einige Möglichkeiten, wie man Wörter ordnen kann.

● Wortgruppen

1 Ordnen Sie diese Wörter in drei Gruppen.

das Wohnzimmer	das Bügeleisen	der Sessel	die Kaffeemaschine
das Esszimmer	das Gefriergerät	der Schrank	die Küche
der Tisch	das Schlafzimmer	der Wäschetrockner	das Bett

Zimmer

_____

_____

_____

_____

Möbel

_____

_____

_____

_____

Haushaltsgeräte

_____

_____

_____

_____

2 Wie würden Sie diese Wörter gruppieren? Schreiben Sie eine Überschrift für jede Gruppe und suchen Sie dann mehr Wörter, die in die Gruppen passen.

der Vertreter	die Kraftfahrzeuge	der Ingenieur	der Vertrieb
die Arzneimittel	die Buchhaltung	die Sekretärin	die Haushaltsgeräte
der Kundendienst	der Mechaniker	die Heimtextilien	der Einkauf

● Wortfelder

Wörter, die man im gleichen Kontext benutzt, kann man in einem Wortfeld aufschreiben. Die visuelle Anordnung kann dem Gedächtnis helfen.

Schreiben Sie diese Wörter im Diagramm auf. Können Sie weitere Wörter finden?

das Mikrowellengerät	der Videorekorder	der Kühlschrank	der Herd
die Zentralheizung	der Personalcomputer	die Geschirrspülmaschine	
die Lampe	der Staubsauger	der Farbfernseher	der Drucker

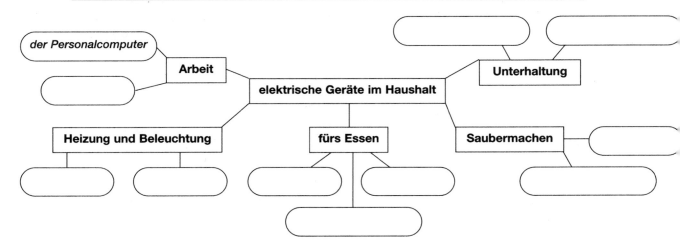

● Wortpartner

Viele Wörter benutzt man oft in Verbindung mit bestimmten anderen Wörtern, z.B.:
   Forschung und Entwicklung, eine Frage stellen/haben/beantworten.
Wenn Sie ein neues Wort aufschreiben und lernen wollen, ist es nützlich, seine
„Partner" auch aufzuschreiben.

Welche Verben passen zu diesen Substantiven? Können Sie weitere Verben aufschreiben?
(Benutzen Sie Ihr Wörterbuch.)

| haben   machen   finden   entwickeln   kontrollieren |

1 Notizen _____

2 ein Produkt _____

3 die Qualität _____

4 Verspätung _____

5 eine Lösung _____

● Wortfamilien

Viele Wörter einer Sprache bilden eine „Wortfamilie". Aus einem Wortstamm
kann man oft Verben, Substantive und Adjektive machen. Man benutzt dazu
bestimmte Präfixe und Suffixe, z.B.:
   Verb: sprechen
   Substantive: der Sprecher, die Besprechung, die Sprache, das Gespräch
   Adjektive: sprachlich, sprachlos, gesprächig
Es ist leichter neue Wörter zu lernen, wenn man versteht, aus welchen anderen Wörtern
sie gebildet sind. Auf diese Weise kann man seinen Wortschatz erweitern.

Schreiben Sie Substantive und Adjektive (wenn möglich) zu diesen Verben auf.
Benutzen Sie Ihr Wörterbuch.

1 herstellen   3 anbieten   5 strukturieren
2 besuchen   4 produzieren   6 helfen

● Ähnliche Wörter und Synonyme

Manchmal haben zwei Wörter ähnliche oder gleiche Bedeutung, z.B.:
   Das ist **richtig**. = **Das stimmt**.

Schreiben Sie Synonyme für diese Wörter auf.

1 die Firma   3 die Fabrik   5 produzieren
2 der Hauptsitz   4 der Mitarbeiter   6 ungefähr

D   Vokabeln wiederholen

Es ist wichtig, dass Sie neue Wörter in **regelmäßigen**, **kurzen** Intervallen wiederholen.
Die folgenden Vorschläge sollen Ihnen dabei helfen.

- Setzen Sie sich ein Ziel, z.B. lernen Sie 5 bis 10 Wörter pro Tag. (Es ist viel besser,
  jeden Tag 5 Wörter zu lernen, als 50 Wörter einmal pro Woche.)
- Tragen Sie Ihr Vokabelheft oder Ihre Vokabelkarten bei sich und testen Sie sich.
- Nehmen Sie Wörter auf Band auf und hören Sie sich die Kassette im Auto
  oder im Bus an.

GRAMMATIK

A   Artikel im Nominativ oder Akkusativ

Setzen Sie die Artikel ein.

1 Guten Tag, ich habe _____ Termin bei Frau Bloch.

2 Nein danke, ich trinke _____ Kaffee, aber haben Sie _____ Mineralwasser?

3 _____ Produktionsleiter kennen Sie ja schon.

4 Kommen Sie mit, ich zeige Ihnen jetzt _____ Firma.

|7| 5 Dort drüben ist _____ Einkaufsabteilung und _____ Konstruktionsbüro.

B   Trennbare Verben

Schreiben Sie Sätze mit der richtigen Wortstellung. **NB** Für 4 gibt es zwei Möglichkeiten.
(2 Punkte pro richtiger Antwort.)

1 das Seminar / anfangen / wann

_____?

2 Firma / herstellen / die / Sportwagen

_____

3 Ihnen / meine Chefin / vorstellen / ich / darf

_____?

4 die / hier / anfertigen / Produkte / wir

_____

|10| _____

SPRECHINTENTIONEN

C   Einen Firmenbesucher betreuen

Schreiben Sie die Fragen zu diesen Antworten. (2 Punkte pro richtiger Antwort.)

1 _____? Danke, gut. Schön, Sie wiederzusehen.

2 _____? K-O-H-L.

3 _____? Schwarz bitte, ohne Zucker.

4 _____? Ja natürlich, das Telefon ist dort drüben.

|10| 5 _____? Nein, Rauchen ist leider nicht erlaubt.

D Informationen zur Person

Sie sind auf einer internationalen Konferenz. Stellen Sie sich vor und stellen Sie Ihrem Gesprächspartner einige Fragen. (2 Punkte pro richtiger Antwort.)

1 Guten Tag, _____ Angenehm. Ich heiße Berger.

2 _____ ? Aus Rostock.

3 _____ ? Beim Otto-Versand.

4 _____ ? Ich bin Diplom-Kaufmann.

5 _____ ? Seit zwei Wochen bin ich Einkaufsleiter.

`10`

E Firmenprofil

Ein Kunde möchte einige Informationen über Ihre Firma. Benutzen Sie alle Informationen im Kasten und schreiben Sie vier Sätze.

> ## Zeller AG
> - Produkte: Werkzeugmaschinen
> - Hauptsitz: Bielefeld
> - Werke: Bielefeld, Wuppertal
> - Tochtergesellschaften: Hanser AG (Öst.) und Alfred Hanser (Schweiz)
> - Vertretungen in I, F, GB
> - Jahresumsatz der Gruppe: 1,2 Mrd. Euro
> - 7.500 Mitarbeiter

_____

_____

`16` _____

WORTSCHATZ

F Wortbildung

Bilden Sie 12 neue Wörter aus den Wörtern im Kasten und ordnen Sie sie in drei Gruppen. Schreiben Sie die Wörter mit ihren Artikeln (*der/die/das*) auf.

Einkauf	Kraft	Information	Unterhaltung	Vorbereitung	Stereo
Sauger	Kunde	Maschine	Fahrzeug	Elektronik	Abteilung
Konstruktion	Erkältung	Industrie	Staub	Mittel	Anlage
Technik	Büro	Bau	Dienst	Arbeit	Bekleidung

Abteilungen   **Branchen**   **Produkte**

_____   _____   _____

_____   _____   _____

_____   _____   _____

`12` _____   _____   _____

`65` **Gesamtpunktzahl**

3 Sich kennen lernen

3.1

A Der Konjunktiv

Setzen Sie die Konjunktivformen ein:

wäre(n) / hätte(n) / würde(n) / könnte(n) / möchte(n) 2x

A: Herr Berger, (1) _____ Sie nächste Woche irgendwann Zeit?

Meine Frau und ich (2) _____ Sie zum Essen einladen.

B: Gern, Herr Anger, das ist sehr freundlich von Ihnen.

A: (3) _____ Ihnen Donnerstag oder Freitag passen?

B: Freitag (4) _____ mir eigentlich lieber.

A: Gut, sagen wir Freitag. (5) _____ Sie vielleicht die Urlaubsfotos mitbringen?

Meine Frau (6) _____ Sie gerne sehen.

B Adjektivendungen

Setzen Sie die Adjektivendungen ein: *-e/-er/-es*

A: Herr Klein ist (1) ein wichtig__ Kunde für uns. Wir müssen ihn zum Essen einladen.

Wer kann (2) ein passend__ Restaurant empfehlen?

B: Hier in der Nähe ist (3) ein gut__ französisch__ Restaurant.

C: (4) Das neu__ italienisch__ Restaurant im Stadtzentrum ist besser.

A: (5) Die deutsch__ Küche wäre Herrn Klein wahrscheinlich am liebsten.

B: Das Restaurant Krone hat (6) eine gut__ Speisekarte und (7) eine nett__ Atmosphäre.

A: Laden wir ihn also ins Restaurant Krone ein.

C Wortstellung: Temporale, modale und lokale Angaben (*Wann? Wie? Wo?*)

Schreiben Sie Sätze mit der richtigen Wortstellung. **NB** Für 2 und 3 gibt es je zwei Möglichkeiten.

1 vom Flughafen / Herrn Klein / können / mit dem Auto / abholen / morgen / Sie

_____ ?

2 diese Woche / in der Werkstatt / ist / mein Auto,

mit dem Bus / ich / morgen / in die Arbeit / fahre

_____

_____

3 zum Büro / fahren / er / muss / mit dem Taxi / dann

_____

3.2

A   Wortschatz: Lebensmittel und Gerichte

Welches Wort passt nicht in die Reihe? Warum nicht? Geben Sie Gründe an.

	Die anderen sind ...
Kohl / Spinat / ~~Nüsse~~ / Kartoffeln	*Gemüsesorten*

1 Erdbeeren / Pilze / Pflaumen / Ananas   _____

2 Rind / Schwein / Kalb / Forelle   _____

3 Butter / Brot / Sahne / Käse   _____

4 Heilbutt / Garnelen / Leber / Lachs   _____

5 Schinken / Hähnchen / Fasan / Gans   _____

6 Nudeln / Knödel / Reis / rote Grütze   _____

B   Dialog: Im Restaurant

Ordnen Sie die Wörter zu sinnvollen Sätzen oder Fragen.
Vervollständigen Sie dann den Dialog.

hätten / zu trinken / den Müller-Thurgau / gerne / wir
ich / nicht / esse / scharfe Sachen / gern
die Rechnung / Sie / mir / bitte / bringen
lieber / nehme / die Schweinelendchen / ich
Ihnen / es / geschmeckt / hat
Sie / mir / können / empfehlen / etwas
die Weinkarte / ich / kann / bitte / haben
getrennt / Sie / zusammen / zahlen / oder

Gastgeber: Was nehmen Sie als Hauptgericht?

Gast: (1) _____ ?

Gastgeber: Die Kohlroulade mit Pfeffersauce ist die Spezialität des Hauses.

Gast: (2) _____ (3) _____

Kellner: Möchten Sie bestellen?

Gastgeber: Ja, zweimal Schweinelendchen.

Kellner: Und was darf ich Ihnen zu trinken bringen?

Gastgeber: (4) _____ ?

Kellner: Oh Verzeihung, hier bitte.

Gastgeber: (5) _____
• • •

Kellner: (6) _____ ?

Gast: Ja danke, es war ausgezeichnet.

Gastgeber: (7) _____ !

Kellner: (8) _____ ?

Gastgeber: Zusammen.

A Vor- und Nachteile

Frau Höfer sucht eine neue Wohnung. Welche Vor- und Nachteile hat diese Wohnung?
Vervollständigen Sie die Sätze mit Hilfe der Notizen.

2-Zimmer-Wohnung (3. Stock)
60 qm Wohnfläche
ruhige Lage
niedrige Miete
kein Aufzug
schlechte Verkehrsverbindungen
modern ausgestattet
Pkw-Stellplatz
keine Garage
kein Kabelanschluss
Mietvertrag nur für ein Jahr
schöne Aussicht

Die Wohnung hat *zwei Zimmer*, aber *die Wohnfläche ist relativ klein*.

1 Sie hat einen _____ aber keine _____

2 Sie ist _____, hat aber keinen _____

3 Die Aussicht vom 3. Stock _____, aber es gibt _____

4 Die Miete _____, aber _____

5 Die Lage _____, aber _____

B Adjektivendungen

Peter Müller beschreibt seine Wohnung. Setzen Sie die Adjektivendungen ein.
NB Manchmal hat das Adjektiv keine Endung, z.B.:

Ich habe eine klein*e* Wohnung.   **Aber:** Meine Wohnung ist klein_/_ .

A: Wo wohnen Sie, Herr Müller?

B: In Altersbach. Es ist eine sehr (1) gut__ Wohngegend und liegt ganz (2) zentral__ .

A: Und was für eine Wohnung haben Sie?

B: Ich habe eine (3) klein__ Wohnung in einem (4) renoviert__ Altbau. Von meinem

Wohnzimmer habe ich einen (5) herrlich__ Blick auf den (6) alt__ Stadtkern.

A: Es gibt sicherlich sehr (7) gut__ Einkaufsmöglichkeiten?

B: Ja, die Einkaufsmöglichkeiten sind (8) ausgezeichnet__ .

A: Gibt es irgendwelche Nachteile für Sie?

B: Parken ist ein bisschen (9) schwierig__, aber ich habe Gott sei Dank ein

(10) klein__ Auto. Meistens nehme ich die S-Bahn, das ist eine (11) billig__ und

(12) umweltfreundlich__ Alternative zum Auto.

C Verwandtschaftsverhältnisse

1 Lesen Sie den Text unten und setzen Sie die Namen und das Alter der Personen in den Familienstammbaum ein.

Familienstammbaum

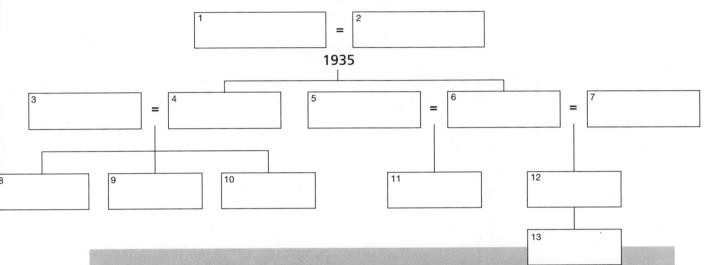

„Mein Name ist Reinhard Reiter, ich bin 25 Jahre alt und ledig.
Mütterlicherseits ist der Kontakt in der Familie sehr gut – wir wohnen alle in der gleichen Stadt –, aber die Verwandten von meinem Vater kenne ich eigentlich kaum.
Der Mädchenname meiner Großmutter war Eva Kirsch, sie ist jetzt 80. 1940 hat sie meinen Großvater, Franz Möller, geheiratet, er ist leider schon in den siebziger Jahren gestorben.
Sie hatten einen Sohn Uwe und eine Tochter, Martina, meine Mutter. Uwe hat Petra Strolz geheiratet, er ist jetzt 52 und sie ist 48. Meine Mutter ist fünf Jahre jünger als Onkel Uwe, für sie ist er immer der ältere Bruder, den sie unheimlich bewundert.
Meine Mutter hat 1973 meinen Vater, Peter Reiter, geheiratet, aber sie haben sich scheiden lassen, als ich drei war. Zwei Jahre später hat meine Mutter wieder geheiratet, und zwar Herbert Binder, und dann wurde meine Halbschwester Claudia geboren. Sie ist sechs Jahre jünger als ich, aber sie hat schon ein Kind, Martin, der ist jetzt drei Monate alt.
Ja, und dann habe ich noch einen Cousin, Andreas, der ist so alt wie ich, und wir machen eigentlich ziemlich viel zusammen, und zwei Kusinen. Die eine, Elisabeth, ist zwei Jahre älter als Andreas, und die andere, Silvia, ist das Nesthäkchen der Familie, sie ist erst 14."

2 In welchem Familienverhältnis stehen diese Personen zueinander? Benutzen Sie Ihr Wörterbuch.

1 Eva und Franz Möller sind Reinhards _____

2 Petra Strolz ist Reinhards _____

3 Petra ist Martinas _____

4 Peter Reiter ist Martinas erster _____

5 Herbert Binder ist Reinhards _____

6 Eva Möller hat fünf _____

7 Silvia ist Martinas _____

8 Reinhard ist Uwes _____

25

A Komparativformen

Herr Peters und Herr Lang haben ungefähr das gleiche Einkommen.
Sehen Sie sich die Tabelle an und vergleichen Sie ihre Haushaltsausgaben.

	Herr Peters: ledig, kinderlos %	Herr Lang: verheiratet, 2 Kinder %
Haushalt	20	32
Miete	18	18
Gas, Strom	3	8
Kleidung	8	8
Auto	22	10
Freizeit	10	8
Ersparnisse	7	6
Sonstiges	12	10

Ausgaben in % des Gesamteinkommens

1 _____ hat höhere Freizeitausgaben.

2 _____ hat eine höhere Gas- und Stromrechnung.

3 Die Mietkosten sind _____ _____ .

4 _____ gibt weniger für sein Auto aus.

5 Die Haushaltskosten von Herrn Peters sind um ___% _____ als die von Familie Lang.

6 _____ spart ein bisschen mehr.

7 Herr Peters und die Familie Lang _____ gleich viel für Kleidung _____ .

B Das Futur

Was erwartet bzw. plant die Firma für die Zukunft? Schreiben Sie Sätze im Futur, z.B.:

Wir haben jetzt 250 Angestellte. (Nächstes Jahr/280 Angestellte)
Nächstes Jahr *werden* wir 280 Angestellte *haben.*

1 Wir geben jetzt € 250 000 für Forschung aus. (Nächstes Jahr/€ 280 000)

_____

2 Die Preise von Rohstoffen steigen jedes Jahr. (Im Sommer/um 5 %)

_____

3 Zu viele Angestellte fahren mit dem Auto ins Büro. (In Zukunft/mehr Angestellte/Firmenbus/benutzen)

_____

4 Im Moment können wir keine neuen Leute einstellen. (Im Winter/10 neue Leute/einstellen/können)

_____

A Bildung des Partizips

Schreiben Sie die Partizipien der Verben im Kasten in die richtige Gruppe.

regnen	sehen	ankommen	diskutieren	abholen	verstehen
bestellen	steigen	ausgeben	glauben	herstellen	gefallen

ge-		-ge-		-	
stark	**schwach**	**stark**	**schwach**	**stark**	**schwach**
geschwommen	*gehört*	*angefangen*	*aufgehört*	*bekommen*	*erholt*
_____	_____	_____	_____	_____	_____
_____	_____	_____	_____	_____	_____

B Das Perfekt: *haben* oder *sein*?

Zwei Kollegen unterhalten sich im Büro. Setzen Sie ein: *haben* oder *sein*

A: Guten Morgen, Frau Reisner! Nun, wie war die Geschäftsreise?

B: Ganz gut, aber sehr anstrengend.

A: Wann (1) _____ Sie denn zurückgekommen?

B: Gestern, spät am Abend. Der Flug (2) _____ drei Stunden Verspätung gehabt und ich

(3) _____ erst um halb zwölf angekommen!

A: Das tut mir Leid. (4) _____ Sie die neuen Kunden in Wien und Budapest besucht?

B: Ja, ich (5) _____ zuerst nach Wien geflogen und (6) _____ am Nachmittag mit

Herrn Richter gesprochen. Am nächsten Tag (7) _____ ich ein Auto gemietet und

(8) _____ nach Budapest gefahren, wo ich drei Termine hatte.

A: Und wie (9) _____ Ihnen Budapest gefallen?

B: Sehr gut, die Ungarn sind sehr gastfreundlich. Am Abend (10) _____ Sie mich in
ein wunderbares Restaurant eingeladen, mit einem herrlichen Blick auf die Donau.

A: In welcher Sprache (11) _____ Sie sich denn mit den Ungarn unterhalten?

B: In einer Mischung aus Deutsch, Englisch und Französisch. Der ungarische Rotwein
belebt den Geist!

C Fragen und Antworten

Ein Kollege/Eine Kollegin war im Urlaub. Stellen Sie die Fragen zu diesen Antworten.
Benutzen Sie das Perfekt.

1 _____ ? Nach Salzburg.

2 _____

_____ ? Ich bin geflogen, ich kann nicht Auto fahren.

3 _____ ? Zwei Wochen.

4 _____ ? Im Hotel Krone.

5 _____ ? Ich habe die Sehenswürdigkeiten besichtigt
und bin auch in den Bergen gewandert.

6 _____ ? Nein, wir hatten die ganze Zeit Sonne.

A Das Passiv

Im Rahmen einer Firmenpräsentation spricht Herr Eberle kurz über die Geschichte der Firma. <u>Unterstreichen</u> Sie alle Passivformen.

> „Unsere Firma <u>wurde</u> 1955 als kleiner Familienbetrieb für Freizeitkleidung <u>gegründet</u>. Wir hatten ursprünglich nur zehn Angestellte und eine kleine Werkstatt in der Nähe von Ulm. In den ersten zehn Jahren wurde ein kleiner Stock von Stammkunden aufgebaut, der bis 1968 von einem einzigen Vertreter betreut wurde! In den sechziger Jahren vergrößerte sich die Firma sehr schnell und heute beschäftigen wir 1.250 Leute in Deutschland und 150 im Ausland. Vor zwei Jahren wurde unser fünftes Werk in Deutschland eröffnet. Unsere Produkte werden heute in die ganze Welt verkauft."

B Nebensätze mit *weil*

Wählen Sie einen passenden Grund für die Freizeitaktivitäten unten und verbinden Sie die Sätze mit *weil*. Schreiben Sie dann einen ähnlichen Satz über Ihr Hobby.

> Es ist aufregend.
> Ich bin gern in der Natur.
> Ich interessiere mich für Politik.
> Ich finde andere Länder und Kulturen interessant.
> Man kann dort leicht Leute kennen lernen.
> Ich betreibe gern einen Mannschaftssport.

Ich wandere viel, weil *ich gern in der Natur bin.*

1 Ich gehe gern in die Disko, weil _____

2 Ich laufe gern Ski, weil _____

3 Ich spiele Basketball, weil _____

4 Ich reise gern, weil _____

5 Ich lese mehrere Zeitungen, weil _____

6 Ich _____, weil _____

C Nebensätze mit *wenn*

Was kann man in Ihrer Stadt tun? Beraten Sie eine/n deutschsprachige/n Firmenbesucher/in. Er/sie möchte die wichtigsten Sehenswürdigkeiten besichtigen und dann einen Einkaufsbummel machen. Er/Sie möchte sich auch über Abendveranstaltungen informieren. Schreiben Sie *Wenn*-Sätze.

1 Wenn _____,
_____

2 Wenn _____,
_____

3 _____,
wenn _____

Grammatik lernen

Braucht man die Grammatik, um eine Fremdsprache zu lernen? Lesen Sie die folgenden Fragen zu diesem Thema. Überlegen Sie, wie Sie die Fragen beantworten würden. Dann lesen Sie die Antworten.

- **Was ist Grammatik?**
  Die Grammatik ist das Regelsystem einer Sprache. Mit Hilfe der grammatischen Regeln kann man die einzelnen Wörter zu kommunikativen Sätzen kombinieren.

- **Warum soll ich Grammatik lernen?**
  Ein Verständnis der Grammatik hilft Ihnen, die Sprache schneller zu lernen und eigene Sätze zu bilden. Wenn Sie Sätze nur auswendig lernen, ohne das System zu verstehen, brauchen Sie länger, bis Sie Ihre eigenen Sätze formulieren können.

- **Wie kann ich die Grammatik einer Fremdsprache lernen?**
  Alle Sätze, die Sie hören oder lesen, folgen grammatischen Regeln. Versuchen Sie, die Regeln aus den Beispielen zu erkennen. Dann können Sie sie verstehen und richtig benutzen, um neue Sätze zu bilden.

- **Sind Grammatikbücher nützlich?**
  Grammatikbücher erklären die grammatischen Regeln und geben Beispiele. Sie sind besonders nützlich, wenn Sie eine Regel nachschlagen wollen, um eine Übung zu machen oder Ihre Antworten zu kontrollieren.

Die folgenden Übungen sollen Ihnen helfen, Ihr Verständnis der Grammatik zu verbessern. Benutzen Sie dafür den Grammatikteil am Ende Ihres Lehrbuchs. Er erklärt grammatische Terminologie und illustriert die grammatischen Konzepte mit Beispielen.

A   Grammatische Regeln erkennen

Lesen Sie die Beispielsätze und die Regeln zur Stellung des Verbs. Streichen Sie durch, was nicht richtig ist.

Hauptsätze
1 Ich <u>kenne</u> Herrn Braun seit drei Jahren.
2 Seit drei Jahren <u>kenne</u> ich Herrn Braun.
3 Herrn Braun <u>kenne</u> ich seit drei Jahren.

Regel 1: Das Verb in einem Hauptsatz steht immer in erster / zweiter Position.

Regel 2: Ein Hauptsatz beginnt immer / nicht immer mit dem Subjekt.

Fragen ohne Fragewörter
1 <u>Kennen</u> Sie Herrn Braun?
2 <u>Kann</u> ich etwas fotokopieren?
3 <u>Ist</u> es Ihr erster Besuch hier?

Regel 3: In einem Fragesatz ohne Fragewort steht das Verb in erster / zweiter Position.

Fragen mit Fragewörtern
1 Wie lange <u>kennen</u> Sie Herrn Braun?
2 Wie <u>ist</u> das Wetter in Deutschland?
3 Wohin <u>gehen</u> wir essen?

Regel 4: In einem Fragesatz, der mit einem Fragewort beginnt, steht das Verb in erster / zweiter Position.

Sie haben eben Regeln über die **Wortstellung** in der deutschen Sprache formuliert. Kontrollieren Sie Ihre Antworten im Grammatikteil Ihres Lehrbuchs, Abschnitt 7.

Wie ist die Wortstellung in Ihrer Muttersprache geregelt?

B Grammatische Terminologie

In Übung A wird etwas grammatische Terminologie benutzt:

Subjekt, Verb, Hauptsatz, Fragesatz, Fragewort, Wortstellung

Wenn Sie die grammatische Terminologie verstehen, können Sie ein Grammatikbuch leichter benutzen.

Lesen Sie den folgenden Text und identifizieren Sie die Wortart der unterstrichenen Wörter. Benutzen Sie die Terminologie in der Liste.

Substantiv	Verb	Adverb	bestimmter Artikel
Modalverb	Präposition	unbestimmter Artikel	Infinitiv
Konjunktion	Adjektiv	Partizip	

Kiel, die (1) Landeshauptstadt von Schleswig-Holstein, ist (2) eine wichtige Hafenstadt. Sie liegt aber nicht wie Hamburg und Bremen (3) an der Nordsee, sondern an der Ostsee. Aufgrund dieser geographischen Lage (4) gibt es von Kiel (5) die besten Verbindungen nach Skandinavien und nach Osteuropa. (6) Aber durch den Nord-Ostsee-Kanal ist Kiel auch mit der Nordsee verbunden. Dieser Kanal wurde 1895 (7) eröffnet und ist heute eine der meistbefahrenen künstlichen Wasserstraßen der Welt. Im 2. Weltkrieg wurde ein (8) großer Teil der Stadt durch Bomben zerstört. Deshalb (9) kann man in Kiel nur wenige alte Gebäude (10) sehen. Nach dem Krieg wurde die Stadt ganz (11) schnell wieder aufgebaut.

C Aus den Fehlern lernen

Wenn Sie eine Übung gemacht haben, versuchen Sie zuerst, Ihre Antworten selbst zu kontrollieren (mit Hilfe des Lehrbuchs), bevor Sie im Antwortschlüssel nachsehen. Wenn Sie verstehen, was für einen Fehler Sie gemacht haben, können Sie aus Ihren Fehlern lernen.

1 In den folgenden Sätzen sind 10 Fehler unterstrichen. Beschreiben Sie, welche Art von Fehlern es sind und korrigieren Sie die Fehler, z.B.:

	Fehlerart	**Korrektur**
Wo kommen Sie?	*Fragewort*	*Woher*
Ich kommen aus Bremen.	*Verbendung*	*komme*
Trinken Sie der Kaffee schwarz?	*Kasus*	*den*

1 Möchte Sie einen Kaffee?   _____   _____

2 Vor drei Monaten ich war hier.   _____   _____

3 Wie alt ist Ihre Sohn?   _____   _____

4 Haben Sie schon bestellen?   _____   _____

5 Interessieren Sie sich in Musik?   _____   _____

6 Bremen ist ein wichtige Hafenstadt.   _____   _____

7 Die Preise sind hocher als letztes Jahr.   _____   _____

8 Über was spricht der Referent?   _____   _____

9 Ich abhole Sie vom Flughafen.   _____   _____

10 Kennen Sie der Einkaufsleiter?   _____   _____

2 Können Sie die Fehler in diesem Text selbst finden und korrigieren? (Es gibt 10 Fehler.)

> **Letztes Jahr haben wir zu Italien in Urlaub gefahren. Wir haben in ein kleines Hotel gewohnt. Das Wetter war nicht so gut, es regnet ziemlich oft. Wenn das Wetter war gut, haben wir an den Strand gegangen. Wir haben viele Ausflugen gemacht und am Abend wir sind immer ausgangen und erst spät zu Hause gekommen.**

4 Am Arbeitsplatz

4.1

A Die Firmenorganisation

Die Chefsekretärin, Frau Krämer, spricht über die Organisation ihrer Firma.
Lesen Sie den Text und zeichnen Sie ein Organigramm.

> „Wir sind eine kleine Firma in der Textilbranche. Seit einem Monat
> haben wir einen neuen Geschäftsführer, Herrn Mandl. Ich bin seine
> Sekretärin. Die Verkaufsleiterin ist Frau Teichmann, ihr unterstehen im
> Moment zwei Vertreter. Wir haben eine Buchhalterin, Frau Erdinger, und einen
> Personalchef, Herrn Resch. Herr Krause leitet die Produktion, ihm unterstehen
> der Werkstattleiter, Herr Schmitz, und Herr Rauch, der für den Versand
> verantwortlich ist. In der Werkstatt beschäftigen wir im Moment zwanzig Leute,
> in der Versandabteilung haben wir drei Packer und zwei Fahrer."

B Worträtsel: Berufe und Abteilungen

Setzen Sie die Berufe oder Abteilungen in das Worträtsel ein.

1. Jemand, der Pläne für Häuser, Gebäude usw. zeichnet.
2. Diese Abteilung ist für die Kontenführung einer Firma verantwortlich.
3. Er leitet die Firma.
4. Diese Abteilung verkauft die Produkte.
5. Jemand, der Maschinen zusammenbaut, überprüft und repariert.
6. Diese Abteilung entwickelt neue Produkte.
7. Jemand, der eine kaufmännische Lehre gemacht hat und in der Industrie arbeitet,
   z.B. im Vertrieb oder in der Verwaltung.
8. Diese Abteilung betreut die Kunden.
9. In dieser Abteilung werden die Produkte gefertigt bzw. montiert.
10. Er arbeitet im Lager.

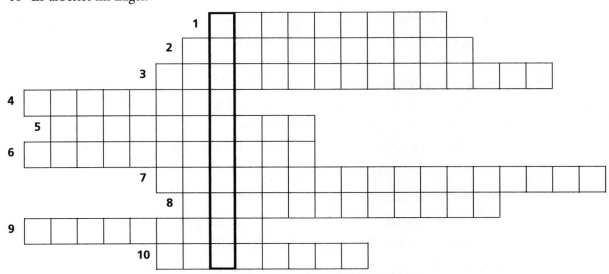

▲ Die Personalabteilung ist für
die ... der Lehrlinge verantwortlich.

A   Vergleichen Sie Stundenlöhne.

Sehen Sie sich die Tabelle an und vervollständigen Sie die Sätze unten. Benutzen Sie die richtigen Formen von *viel / wenig / hoch / niedrig / gleich.*

Arbeitskosten in der Industrie

Arbeitskosten im verarbeitenden Gewerbe je Arbeiterstunde in			
Schweiz	22,44	Niederlande	19,43
Norwegen	21,76	USA	17,15
Deutschland	21,35	Frankreich	16,84
Dänemark	21,30	Japan	16,74
Österreich	20,36	Großbritannien	15,49
Schweden	20,36	Italien	15,34

www.iwkoeln.de
www.diw.de

1   Die Stundenlöhne in der Schweiz sind _____ als in Deutschland.

2   In Deutschland verdient man _____ als in Japan aber _____ als in Schweden.

3   In Österreich sind die Stundenlöhne _____ als in den USA aber _____ als in Großbritannien.

4   In Großbritannien und in Italien sind die Stundenlöhne fast _____ .

5   Dänemark hat die _____ Stundenlöhne.

6   Portugal hat die _____ Stundenlöhne.

B   Quiz: Superlativformen

Vervollständigen Sie die Fragen mit der Superlativform des Adjektivs in Klammern ( ). Dann versuchen Sie, die Fragen zu beantworten.

1   Wie heißt das *nördlichste* (nördlich) deutsche Bundesland?

2   Mit welchem Land hat Deutschland die _____ (kurz) Grenze?

3   Was ist der _____ (beliebt) Sport in Deutschland?

4   Welche deutsche Tageszeitung hat die _____ (hoch) Auflage?

5   Wie heißen die zwei _____ (groß) politischen Parteien in Deutschland?

6   Wie heißt das _____ (wichtig) Industriegebiet in Deutschland?

7   Für welche Exportartikel ist die Schweiz am _____ (bekannt)?

8   Welche österreichische Stadt ist am _____ (berühmt) für ihre Musikfestspiele?

4.3

A Präpositionen mit dem Dativ

1 Sehen Sie sich den Geländeplan an
und schreiben Sie die Sätze mit der
richtigen Wortstellung.

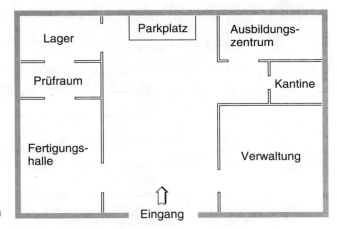

Geländeplan

1 Verwaltung / rechts / der / hinter / die / ist / Kantine

_____

2 ganz / ist / auf / Lager / der / Seite / das / linken / hinten

_____

3 ist / Parkplatz / das / dem / neben / Ausbildungszentrum / rechts

_____

2 Schreiben Sie weitere Sätze. Benutzen Sie die folgenden Präpositionen:
vor/hinter/zwischen/gegenüber

B Richtungsanweisungen

1 Sehen Sie sich den Grundrissplan an und
vervollständigen Sie die Dialoge.

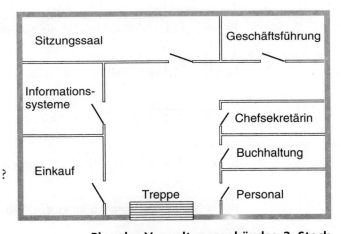

Plan des Verwaltungsgebäudes 2. Stock

1 **A:** Entschuldigen Sie bitte, wo ist die
Personalabteilung?

  B: Gehen Sie in _____ zweiten Stock,
  die Personalabteilung ist gleich _____ .

2 **A:** Wo ist bitte das Büro des _____ ?

  B: Hier _____ Treppe _____, _____
  Gang _____ und dann rechts.
  Die Tür ist _____ _____ _____ Seite.

3 **A:** Entschuldigen Sie, wo ist der Sitzungssaal?

  B: _____ zweiten Stock. Nehmen Sie _____ Treppe hier. Oben gehen Sie _____ Gang
  _____ bis _____ Ende und dann sehen Sie _____ Sitzungssaal direkt _____ sich.

2 Schreiben Sie ähnliche Dialoge.

1 die Einkaufsabteilung?   3 die Abteilung Informationssysteme?
2 das Chefsekretariat?   4 die Buchhaltung?

A   Reflexivpronomen

Setzen Sie die Reflexivpronomen ein: *mich/dich/sich/uns*.

1 **A:** Und was geschieht in dieser Abteilung?

   B: Das ist die Konstruktionsabteilung. Hier befassen wir (1) _____ mit der Entwicklung

   von Prototypen. Und hier ist Frau Gürtler, sie wird (2) _____ um Sie kümmern.

2 **A:** Frau Binder, wo ist die Zeichnung von Modell GX3?

   B: Ach, ich habe sie irgendwohin gelegt, aber ich kann (3) _____ nicht erinnern!

3 **A:** Schon wieder keine Filtertüten für die Kaffeemaschine! Jetzt werde ich (4) _____
       mal bei der Chefin beschweren!

   B: Warum regen Sie (5) _____ immer so auf! Sie sind wahrscheinlich im Schrank.

4 **A:** Hallo Frieda? Tut mir Leid, aber ich muss heute Überstunden machen.

   B: Aber heute ist doch Peters Geburtstag und du weißt doch, wie sehr (6) _____
       die Kinder auf den Kinobesuch freuen!

   A: Mensch, das habe ich ganz vergessen. Also gut, ich werde (7) _____ bemühen!

   B: Und beeil (8) _____, sonst kommen wir zu spät.

B   Fragewörter

Schreiben Sie die Fragen zu diesen Antworten. Benutzen Sie diese Fragewörter:
Woran? Wofür? Worin? Worüber? Womit?

1 **A:** _____ ?
   B: Ich bin für die Kundenbetreuung verantwortlich.

2 **A:** _____ ?
   B: Meine Arbeit besteht vor allem in der Auftragsabwicklung.

3 **A:** _____ ?
   B: Ich befasse mich mit Marktforschung und Werbung.

4 **A:** _____ ?
   B: Wir haben über die Reklamationen gesprochen.

5 **A:** _____ ?
   B: Im Moment arbeite ich an einem Auftrag von der Firma Schütz.

C   Wortpartner

Welches Verb kann man **nicht** mit dem Substantiv benutzen? Z.B.:

   Produkte entwickeln / anfertigen / verkaufen / ~~beobachten~~

1 einen Kunden beraten / empfangen / anrufen / bestellen
2 eine Anfrage entgegennehmen / beantworten / geben / bearbeiten
3 ein Angebot erstellen / angeben / einholen / machen
4 einen Auftrag einstellen / annehmen / bestätigen / erhalten
5 Liefertermine überwachen / festlegen / verwalten / vereinbaren
6 die Ware ausliefern / besprechen / prüfen / lagern
7 neue Mitarbeiter suchen / einstellen / auswählen / organisieren

D Zeitadverbien

1 Ordnen Sie die folgenden Wörter und Ausdrücke je nach Frequenz zwischen *immer* und *nie*.

selten jeden Tag	ab und zu meistens	normalerweise häufig	hin und wieder ständig	regelmäßig einmal im Jahr

100% ◄──────────────────────────────────────► 0%

immer	**gewöhnlich**	**oft**		**manchmal**	**nicht oft**	**nie**
_____	_____	_____		_____	_____	
_____	_____			_____	_____	
	_____					

2 Wie oft machen Sie diese Dinge? Schreiben Sie Sätze, z.B.:

mit Kunden telefonieren	*Ich telefoniere oft mit Kunden.*
Berichte schreiben	*Ich schreibe ein- oder zweimal im Monat einen Bericht.*

1 mit Kunden telefonieren _____

2 Berichte schreiben _____

3 mit Kunden essen gehen _____

4 eine Geschäftsreise machen _____

5 ins Kino gehen _____

6 die Zeitung lesen _____

7 mit dem Rad zur Arbeit fahren _____

8 zum Zahnarzt gehen _____

E Stellenbeschreibung

1 Schreiben Sie den Namen, die Stellung und/oder die Abteilung von drei Kollegen/Bekannten auf, z.B.:

Name	Stellung/Position	Abteilung
Frau Stich	*Personalleiterin*	*Personalabteilung*
Dr. G. Fuhrmann	*Abteilungsleiter*	*Werbeabteilung*

2 Wählen Sie eine Person und beschreiben Sie kurz, worin seine/ihre Arbeit besteht, z.B.:

Frau Stich ist Personalleiterin. Sie ist für die Einstellung neuer Mitarbeiter verantwortlich. Sie gibt die Anzeigen in der Zeitung auf, wählt die Bewerber aus und organisiert die Bewerbungsgespräche.

A Wortschatz: Die Teile einer Kaffeemaschine

Wie heißen die Teile einer Kaffeemaschine? Schreiben Sie die Wörter in das Bild.

Schwenkfilter	Warmhalteplatte	Steckdose	Deckel
Glaskanne	Ein-/Ausschalter	Tassenmarkierung	Stecker

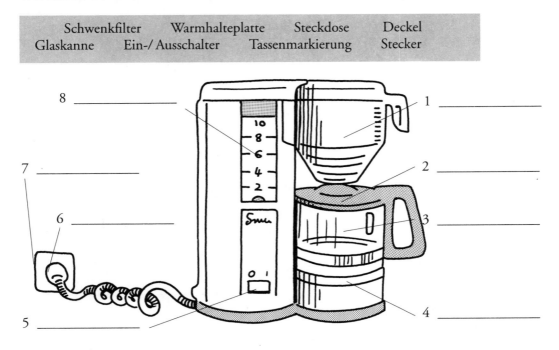

8 _____

1 _____

7 _____

2 _____

6 _____

3 _____

4 _____

5 _____

B Der Imperativ

1 Wie benutzt man die Kaffeemaschine? Nummerieren Sie die Schritte in einer möglichen Reihenfolge.

❑ a) Kaffee einfüllen

❑ b) Kanne auf die Warmhalteplatte stellen

❑ c) Maschine mit Wasser füllen

❑ d) Maschine einschalten

❑ e) Filter ausschwenken und Filtertüte in den Filter legen

❑ f) Filter zurückschwenken

2 Schreiben Sie Sätze. Benutzen Sie den Imperativ.

1 Zuerst *füllen Sie die Maschine mit Wasser.* _____

2 Dann _____

3 Danach _____

4 Jetzt _____

5 Dann _____

6 Zuletzt _____

C Wortpartner

Welche Wörter passen zusammen?

1 das Gerät   a) umlegen
2 die Taste   b) anschließen
3 den Hebel   c) einstellen
4 die Kopienanzahl   d) einlegen
5 eine Kassette   e) drücken

4.6

A   Dativ der Personalpronomen

Setzen Sie ein: *mir/ihm/ihr/uns/Ihnen/ihnen*

A: Herr Blume, wie gefällt (1) _____ denn die neue Wohnung?

B: Also (2) _____ persönlich gefällt sie sehr gut, aber meine Frau und die Kinder sind

nicht sehr zufrieden. Maria sagt, das Haus gefällt (3) _____ nicht und die Kinder

sagen, die Umgebung gefällt (4) _____ nicht.

A: Das ist schade. Aber Sie wohnen doch jetzt wenigstens in der Nähe Ihrer Eltern, nicht wahr?

B: Ja, mein Vater kommt jetzt öfter zu uns, (5) _____ gefällt die Wohnung am besten!

Wir hätten doch die andere Wohnung nehmen sollen, die hat (6) _____ nämlich allen gefallen!

A: Und warum haben Sie sie nicht genommen?

B: Sie war einfach zu teuer!

B   Nebensätze mit *weil*

1 Wählen Sie einen passenden Grund für die Aussagen unten und verbinden Sie die Sätze mit *weil*.

Sie dauern zu lange und sind langweilig.   Man lernt andere Städte und Länder kennen.
Man kann sich die Arbeit selbst einteilen.   Ich muss zu viele Überstunden machen.
Ich arbeite lieber mit Leuten als mit Maschinen.   Die Kollegen sind sehr nett.

Ich arbeite gern bei der Firma, weil *die Kollegen sehr nett sind.*

1 Ich arbeite gern selbstständig, weil _____

2 Die Arbeit gefällt mir nicht, weil _____

3 Besprechungen mag ich nicht, weil _____

4 Ich mache gern Kundenbesuche, weil _____

5 Ich mache gern Geschäftsreisen, weil _____

2 Gefällt Ihnen Ihre Arbeit? Warum? Warum nicht? Schreiben Sie Gründe.

C   Personenbeschreibungen

Setzen Sie ein passendes Adjektiv ein. Kennen Sie jemanden, zu dem die Beschreibung passt?

ehrgeizig   zugänglich   sympathisch   gelassen   einsatzbereit

1 Er ist ein sehr angenehmer Mensch, alle Kollegen mögen ihn. Er ist _____

2 Sie denkt nur an Erfolg, sie möchte in allem die Beste sein. Sie ist _____

3 Sie ist immer dabei, wenn viel Arbeit da ist, sie versucht nicht, um die Arbeit

herumzukommen. Sie ist _____

4 Man kann immer zu ihm gehen, wenn man ein Problem hat oder Rat braucht.

Er ist _____

5 Sie hat immer gute Laune, sie regt sich nie über Kleinigkeiten auf. Sie ist sehr _____

Erweitern Sie Ihren Wortschatz!

Die folgenden Übungen sollen Ihnen helfen, die Wörter aus **KAPITEL 4** zu wiederholen und Ihren Wortschatz zu erweitern.

A Präpositionen

Setzen sie die richtigen Präpositionen ein: *an/aus/über/mit/um*

1 Der Bereich Personal besteht _____ den Abteilungen Personalverwaltung und Ausbildung.

2 Die Konstruktionsabteilung befasst sich _____ der Entwicklung von Prototypen.

3 Frau Kern kümmert sich _____ die Aufträge.

4 Im Moment arbeitet sie _____ einem Auftrag von der Firma Braun.

5 Sie muss oft mit Kunden _____ Preise verhandeln.

B Definitionen

Welche Wörter passen zu den folgenden Erklärungen? Setzen Sie richtig ein.

Gleitzeit	Überstunden	Gehalt	Feiertag	Vorschuss	Feierabend

1 _____ sind Arbeitsstunden, die man zusätzlich zur normalen Arbeitszeit macht.

2 Die _____ ist ein System, bei dem die Beschäftigten den Beginn und das Ende der Arbeitszeit selbst bestimmen können.

3 _____ bedeutet das Ende der täglichen Arbeitszeit, also den Dienstschluss.

4 Das _____ ist das Geld, das ein Angestellter für seine Arbeit bekommt.

5 Ein _____ ist ein Tag, an dem in einem Land nicht gearbeitet wird.

6 Ein _____ ist eine Summe Geld, die man als Teil eines Gehalts oder Honorars im Voraus bekommt.

C Wortpartner

Setzen Sie ein passendes Verb in der richtigen Form in die Sätze ein.

A: Worin besteht Ihre Arbeit als Sekretärin?

B: Ich muss die Korrespondenz (1) _____ und die Ablage (2) _____ .

Bei Sitzungen (3) _____ ich das Protokoll. Manchmal (4) _____ ich Besucher.

Zu meinen Aufgaben gehört auch, Geschäftsreisen für meinen Chef zu (5) _____ .

D Eigenschaften beschreiben

Welche Adjektive kann man benutzen, um Leute oder Maschinen zu beschreiben? Welche Adjektive passen für beide? Ordnen Sie die Wörter in drei Gruppen.

tüchtig	rationell	hilfsbereit	preiswert	aggressiv	teuer	langsam
zuverlässig	kompliziert	rational	sympathisch	benutzerfreundlich		

Leute	**Maschinen**	**beide**
...	...	...

E Im Büro

Sehen Sie sich das Bild an. Schreiben Sie die Ziffern neben die Wörter in der Liste unten.
Dann kreuzen Sie die Gegenstände, die Sie jeden Tag im Büro/bei der Arbeit benutzen, an.

__ die Ablage	__ die Heftklammern	__ das Regal
__ der Aktenordner	__ die Heftmaschine	__ der Schreibtisch
__ der Aktenschrank	__ der Kuli	__ die Schublade
__ der Bleistift	__ der Locher	__ der Stuhl
__ der Computer	__ der Notizblock	__ der Terminkalender
__ der Drucker	__ der Radiergummi	__ der Wandkalender

GRAMMATIK

A   Das Perfekt

Schreiben Sie Sätze im Perfekt. (2 Punkte pro richtiger Antwort.)

1   Heute Abend machen wir einen Stadtbummel. (Gestern/ins Kino/gehen)

_____

2   Dieses Jahr fahren wir nach Schweden in Urlaub. (Letztes Jahr/in die Schweiz)

_____

3   Ich wohne jetzt in Münster. (Bis 1998/in Hannover)

_____

4   Dieser Fisch schmeckt mir nicht besonders. (Die Ente/gestern/besser)

_____

5   Er kommt jetzt oft zu spät. (Früher/nie)

/10

_____

B   Adjektivendungen

Setzen Sie die Adjektivendungen ein.

Essen ist die (1) viertgrößt__ Stadt Deutschlands und liegt im Ruhrgebiet. Essen ist eine (2) alt__ ,
auch kulturell (3) bemerkenswert__ Stadt.

Heute ist Essen ein (4) bedeutend__ Industriezentrum. Das (5) bekanntest__ Unternehmen ist das
(6) groß__ Stahlwerk von Krupp. 1811 wurde der (7) klein__ Gussstahlbetrieb von Friedrich Krupp
gegründet. Auch heute noch ist die Firma ThyssenKrupp ein für Essen (8) wichtig__ Arbeitgeber.

/8

C   Nebensätze mit _wenn_ oder _weil_

Verbinden Sie die Sätze mit _wenn_ oder _weil_. (2 Punkte pro richtiger Antwort.)

1   Ich kann heute leider nicht ins Kino gehen. Ich muss Überstunden machen.

_____

2   Sie arbeiten ein Jahr hier. Sie bekommen 13 Monatsgehälter.

_____

3   Sie haben ein Problem mit der Maschine. Rufen Sie unseren Kundendienst an.

_____

4   Die Mitarbeiterzahl ist gefallen. Wir haben eine Firma verkauft.

/8

_____

D   Komparativ und Superlativ

Setzen Sie ein passendes Adjektiv oder Adverb ein.

1   In Deutschland ist die Arbeitswoche _____ als in Japan.

2   In welchen europäischen Ländern kann man _____ verdienen?

3   In Skandinavien verdient man _____ als in Portugal.

4   Sind die Lebenshaltungskosten in Deutschland so _____ wie in Skandinavien?

5   Was ist der _____ Sport in Deutschland?

5

SPRECHINTENTIONEN

E   Eine Einladung ins Restaurant

Welche Antwort passt? Kreuzen Sie an.

1   Darf ich Sie zum Essen einladen?
   a) Ja, bitte.
   b) Gern, das ist sehr freundlich von Ihnen.
   c) Ja, das geht.

2   Hätten Sie Freitagabend Zeit?
   a) Ja, das wäre nett.
   b) Ja, sehr gern.
   c) Ja, da habe ich noch nichts vor.

3   Essen Sie gern chinesisch?
   a) Nicht besonders.
   b) Das geht leider nicht.
   c) Das passt mir leider nicht.

4   Können Sie mir eine Vorspeise empfehlen?
   a) Die Hühnerbrühe für den Herrn.
   b) Der Rehrücken ist eine Spezialität des Hauses.
   c) Ich empfehle Ihnen den Feldsalat.

4

F   Gefallen ausdrücken

Setzen Sie ein: *gefallen* oder *mögen* und *gern* oder *lieber*

A: Was (1) _____ Ihnen am besten an Ihrer Arbeit?

B: Die Arbeit ist interessant und ich arbeite (2) _____ selbstständig. Nur die langen Arbeitsstunden (3) _____ ich nicht besonders, denn ich gehe (4) _____ aus.

A: Würden Sie (5) _____ bei einer anderen Firma arbeiten?

B: Nein, das Arbeitsklima hier (6) _____ mir sehr und ich (7) _____ eigentlich alle Kollegen. Und ich glaube die meisten (8) _____ mich auch!

8

WORTSCHATZ

G   Im Büro

Welches Verb passt nicht? Streichen Sie durch.

1   einen Auftrag bestätigen / bezahlen / geben / bekommen

2   einen Kunden betreuen / beraten / einladen / bestellen

3   ein Angebot reklamieren / erstellen / machen / annehmen

4   eine Anfrage beantworten / entgegennehmen / bearbeiten / liefern

5   einen Bericht schreiben / entwickeln / schicken / lesen

6   ein Kollege ist nett / erstklassig / sympathisch / zuverlässig

7   die Arbeit ist höflich / interessant / abwechslungsreich / langweilig

7

50   Gesamtpunktzahl

5 Am Telefon

A Wortbildung

1 Bilden Sie neue Wörter, die mit Telefonieren zu tun haben, mit den Wörtern aus **A** und **B**.

A	**B**
vor	das Land
an	die Wahl
durch	der Ruf
neben	der Schluss
aus	die Stelle

_____   _____

_____   _____

_____   _____

2 Welche von diesen Wörtern kann man mit dem Wort *Telefon* verbinden? Benutzen Sie Ihr Wörterbuch.

die Nummer	die Karte	die Ankunft	das Netz
die Anlage	die Zelle	das Gespräch	der Schluss
der Bericht	die Auskunft	der Teilnehmer	das Buch

die Telefonnummer   _____   _____

_____   _____   _____

_____   _____   _____

B Wortschatz

Ergänzen Sie die Dialoge. Wählen Sie passende Wörter aus Übung A.

1 **A:** Kennen Sie die Nummer der Firma Teichmann?

   B: Nein, am besten rufen Sie die _____ an.

2 **A:** Können Sie mir die _____ von Hamburg geben?

   B: 040.

3 **A:** Der _____ ist besetzt. Wollen Sie warten?

   B: Nein danke, ich rufe später wieder an.

4 **A:** Entschuldigen Sie, gibt es hier in der Nähe eine öffentliche _____ ?

   B: Ja, gleich hier um die Ecke ist eine.

5 **A:** Entschuldigen Sie, kann ich hier eine _____ kaufen?

   B: Nein, hier leider nicht, am besten gehen Sie zur Post.

Telekom für Sie: Sonderdienste

Polizei/Notruf	**1 10**

Feuerwehr/ Rettungsleiter	**1 12**

Telekom Direkt 0 80 03 30 11 13
(Ihr Ansprechpartner für Fragen, Probleme und Anregungen)

Telefonauskunft

Inland	1 18 33
Ausland	1 18 34

Telefonaufträge

Benachrichtigungs-, Erinnerungs- und Weckaufträge 0 11 41
(Für bestimmte Ortsnetzbereiche nehmen wir auch Abwesenheitsaufträge an.)

Vom Operator vermittelte Telefonverbindungen (Fernamt)

Inland/Ausland	00 10
Konferenzverbindungen, Bestellung per Telefon	01 30 01 61
Konferenzverbindungen, Bestellung per Telefax	01 30 01 62
Dolmetscher-Service, Bestellung per Telefon	01 30 01 16
Dolmetscher-Service, Bestellung per Telefax	01 30 01 17

Telegramme

Aufgabe per Telefon	0 80 03 30 11 31
Aufgabe per Telefon	0 80 03 30 11 32

Telekom für Sie: Telefonansagen

Service: Montage, Instandsetzung, Wartung

überwiegend *private* Nutzung	08 00 33 02 00
überwiegend *geschäftl.* Nutzung	0 80 03 30 11 72
Kabelanschluss	0 80 03 30 11 74

Kultur

Gedichte und Kurzprosa	0 11 56

Lotterien

Klassenlotterien	01 16 07
Zahlenlotto/Rennquintett	0 11 62

Nachrichten

Börse Inland	1 11 68
Börse Ausland	01 16 08
Lokalnachrichten für Blinde	01 11 55
Tagesthemen (Telefon-Nachrichtendienst)	0 11 65
Kirche (kath. und evang.)	0 11 57

Tipps

ADAC-Verkehrsservice	0 11 69
Aktuelles aus dem Gesundheitswesen	01 15 02
Information Telekom	01 16 05
Kochrezepte	0 11 67
Sonderansagen	0 11 66
Stellenangebote des Arbeitsamtes	01 15 01
Stellenangebote der Deutschen Telekom	01 15 10
Zeitansage	0 11 91

T-Online und Internet

Administration und Anmeldung	0 80 03 30 50 00
Technische Hotline	01 80 54 40 33

C Telefon-Sonderdienste und Telefonansagen

Welche Nummer rufen Sie an, wenn ...

1 Sie einen Autounfall mit Verletzten melden möchten? _____

2 Sie eine Telefonnummer im Inland brauchen? _____

3 Sie sich wecken lassen möchten? _____

4 Sie einen Dolmetscher brauchen? _____

5 Sie eine neue Stelle suchen? _____

6 Sie über T-Online nicht mehr ins Internet kommen? _____

7 Sie wissen möchten, wie spät es ist? _____

8 Sie den Aktienkurs der Deutschen Bank erfahren möchten? _____

5.2

A Dialog: Am Telefon

Ordnen Sie die Wörter zu sinnvollen Sätzen oder Fragen und vervollständigen Sie dann den Dialog.

> wann / erreichen / ich / ihn / kann
> sprechen / ich / Herrn Krause / möchte
> Moment / Platz / er / an / im / seinem / ist / nicht
> Stunde / einer / es / probieren / Sie / in / wieder / halben
>
> ausrichten / ich / etwas / kann
> muss / persönlich / ihn / sprechen / ich

A: Firma Hübner, guten Tag.

B: Guten Tag, hier spricht Bauer von der Firma Forsbach. (1) _____

A: Ah, Frau Bauer! Es tut mir Leid, aber (2) _____

B: (3) _____ ?

A: Das weiß ich leider nicht. (4) _____ ?

B: Nein, danke, (5) _____

A: Also, (6) _____

B: Ist gut. Vielen Dank, auf Wiederhören.

B *Nur* oder *erst*?

Setzen Sie ein: *nur* oder *erst*

1 Das Zimmer ist billig, es kostet _____ € 30,- pro Nacht.

2 Herr Baum ist _____ ab 11.00 Uhr im Büro.

3 Wir können leider _____ übermorgen liefern.

4 Können Sie wechseln? Ich habe leider _____ einen Fünfzigmarkschein.

5 Wir wohnen _____ seit einem Jahr in Frankfurt.

C Indirekte Fragen

Sie sind neu in der Firma und müssen Ihren Kollegen viele Fragen stellen.
Machen Sie aus den direkten Fragen indirekte Fragen, z.B.:

Wann kommt Herr Pfeifer zurück?   Wissen Sie, *wann Herr Pfeifer zurückkommt?*

1 Wie heißt der Vertriebsleiter?

Wissen Sie, _____ ?

2 Wann fängt der Einführungskurs an?

Können Sie mir sagen, _____ ?

3 Wie funktioniert diese Maschine?

Können Sie mir zeigen, _____ ?

4 Wer hat diesen Auftrag bearbeitet?

Wissen Sie, _____ ?

5 Arbeitet Herr Stern im Versand?

Wissen Sie, _____ ?

A Fragen und Antworten

Welche Antwort passt zu welcher Frage?

1 Mit wem spreche ich am besten über eine Bestellung?

2 Können Sie mich mit der Buchhaltung verbinden?

3 Ist das der Kundendienst?

4 Sind Sie für Aufträge zuständig?

5 Ich möchte eine Lieferung reklamieren.

a) Einen Augenblick, ich verbinde.

b) Nein, da sprechen Sie am besten mit Frau Bloch. Ich verbinde Sie weiter.

c) Geben Sie mir die Bestellnummer, bitte.

d) Mit Herrn Rauch. Der kümmert sich um Aufträge.

e) Ja, worum handelt es sich, bitte?

B Präpositionen

Setzen Sie die Präpositionen ein: *vor/für/um/wegen/mit/im/am/von/zu*

A: Guten Tag, mein Name ist Behrens. Ich rufe an (1) _____ einer Rechnung.

(2) _____ wem kann ich darüber sprechen?

B: Ich verbinde Sie (3) _____ Frau Stoß, die ist (4) _____ die Buchhaltung zuständig.

C: Guten Tag, Stern (5) _____ Apparat.

A: Guten Tag, hier spricht Behrens, (6) _____ der Firma Seizinger. Ich möchte Frau Stoß sprechen.

C: Frau Stoß ist leider (7) _____ Moment nicht da. Sie kommt erst (8) _____ dreizehn Uhr zurück. (9) Wor___ geht es denn? Vielleicht kann ich Ihnen helfen?

A: Ich habe eine Frage (10) _____ einer Rechnung, die wir (11) _____ zwei Tagen erhalten haben. Ich glaube, irgendwo ist ein Fehler passiert.

C: (12) Da___ bin ich eigentlich nicht verantwortlich, da reden Sie doch am besten (13) _____ Frau Stoß.

A: OK, dann rufe ich (14) _____ Nachmittag wieder an. Auf Wiederhören.

C Wortbildung

Wie kann man diese Sätze anders sagen? Bilden Sie aus den **fett gedruckten** Verben passende Substantive, z.B.:

Können Sie uns diese Artikel **anbieten**?   Können Sie uns ein *Angebot* für diese Artikel machen?

1 Können Sie unseren Auftrag schriftlich **bestätigen**?

Können Sie eine schriftliche _____ unseres Auftrags schicken?

2 Wir haben vor zwei Wochen bei Ihnen Ersatzteile **bestellt**.

Wir haben vor zwei Wochen bei Ihnen eine _____ über Ersatzteile aufgegeben.

3 Ich möchte eine Lieferung **reklamieren**.

Es geht um die _____ einer Lieferung.

4 Sie haben unsere letzte Rechnung noch nicht **bezahlt**.

Wir warten auf die _____ unserer letzten Rechnung.

A   Präpositionen mit dem Dativ

Die folgenden Personen sind aus verschiedenen Gründen nicht erreichbar.
Setzen Sie die richtigen Präpositionen ein und die Endungen, z.B.:

Frau Meier ist diese Woche *im* Urlaub.   Herr Becker ist nicht *an* sein*em* Platz.

1 Herr Tauber ist heute nicht _____ Büro.

2 Herr Stock ist _____ ein__ Kunden zusammen.

3 Herr Schnell ist _____ ein__ Besprechung _____ d__ Geschäftsführer.

4 Frau Leitner ist _____ Mittagessen.

5 Frau Reisinger ist _____ Geschäftsreise _____ d__ Schweiz.

6 Frau Doliwa ist nicht _____ ihr__ Platz.

7 Herr Fischer arbeitet nicht mehr _____ d__ Firma.

B   Dialog: Eine Nachricht hinterlassen

Vervollständigen Sie den Dialog.

A: Guten Tag, hier Berger. (1) _____ ?

B: Herr Schneider ist leider (2) _____

A: Wie lange dauert die?

B: Die könnte den ganzen Vormittag dauern. (3) _____ ?

A: Ja, bitte. Ich bin morgen in Hamburg und möchte Herrn Schneider gern besuchen.

(4) _____ , um einen passenden Termin zu

vereinbaren? Ich bin bis 17.00 Uhr im Büro.

B: (5) _____ ?

A: Ich glaube schon, aber ich gebe sie Ihnen nochmal durch: 67 90 12.

B: In Ordnung, Herr Berger, (6) _____

C   Sätze mit *dass*

Richten Sie die Nachricht in Übung B Ihrem Chef aus.

Herr Berger hat angerufen. Er sagt, dass er _____

und dass er _____ . Er möchte, dass Sie

_____ , um _____

_____ . Er ist _____ .

Erweitern Sie Ihren Wortschatz!

Die folgenden Übungen sollen Ihnen helfen, die Wörter aus **KAPITEL 5** zu wiederholen und Ihren Wortschatz zu erweitern.

A Wer sagt was?

1 Welche von diesen Sätzen würde man als Anrufer benutzen und welche, wenn man angerufen wird? Kreuzen Sie an (x).

	der Anrufer	der Angerufene
1 Können Sie mich mit dem Kundendienst verbinden?	❑	❑
2 Er ist im Moment nicht da.	❑	❑
3 Der Anschluss ist leider besetzt. Wollen Sie warten?	❑	❑
4 Rufen Sie in einer halben Stunde zurück.	❑	❑
5 Spreche ich mit Frau Riedl?	❑	❑
6 Worum geht es?	❑	❑
7 Ich probiere es später.	❑	❑
8 Kann ich etwas ausrichten?	❑	❑
9 Ich stelle Sie durch.	❑	❑
10 Es handelt sich um eine Rechnung.	❑	❑
11 Wann ist er zu erreichen?	❑	❑
12 Nein, Sie haben die falsche Nummer gewählt.	❑	❑

2 Welche Sätze passen zusammen? Z.B.:

Anrufer: Können Sie mich mit dem Kundendienst verbinden?

Angerufener: Ich stelle Sie durch.

B Wortpartner

Welche Wörter passen zusammen?

1 eine Telefonnummer	a) erbitten
2 den Wählton	b) hinterlassen
3 einen Besprechungstermin	c) erfragen
4 eine Lieferung	d) auflegen
5 eine Nachricht	e) abwarten
6 den Hörer	f) reklamieren

C Wortfamilien

Schreiben sie die Substantive auf, die man von diesen Verben bilden kann.
NB Meistens gibt es mehrere Möglichkeiten! Z.B.:

bestellen *die Bestellung, der Besteller*

1 anrufen _____

2 wählen _____

3 sprechen _____

4 beantworten _____

5 notieren _____

D Leseverstehen: Wörter aus dem Kontext erraten

1 Lesen Sie den Text aus dem Deutschen Telekom-Buch. Können Sie die Bedeutung der <u>unterstrichenen</u> Wörter aus dem Kontext erraten? Überprüfen Sie Ihre Antworten mit dem Wörterbuch.

Telefonkarten und ein immer dichteres Netz öffentlicher Kartentelefone machen es möglich: <u>bargeldlos</u> telefonieren, ohne Probleme mit dem passenden Kleingeld.

Die Telekom bietet zwei verschiedene Kartentypen an: Die Telefonkarte mit <u>Guthaben</u> und die Karte zur <u>Abbuchung</u>, die Telekarte.

Telefonkarten mit Guthaben gibt es mit 40 Tarif<u>einheiten</u> für DM 12,00 (6 €) und mit 200 Einheiten für DM 50,00 (25 €). Die verfügbaren Tarifeinheiten sind als Daten in einem Mikrochip auf der Karte <u>gespeichert</u>. Die jeweils verbrauchten Einheiten werden vom Guthaben abgebucht, bis die Karte <u>entwertet</u> ist.

Die Telekarte ist eine individuelle »Dauerkarte«. Sie können so oft und so lange telefonieren, wie Sie wollen. Die geführten Telefonate werden am Monatsende verrechnet und von Ihrem Konto <u>abgebucht</u>. Zum Schutz vor <u>Missbrauch</u> ist im Mikrochip Ihrer Telekarte eine persönliche Identifikationsnummer (PIN) gespeichert; sie muss vor jedem Gespräch eingegeben werden. Bei dreifacher Falscheingabe der PIN wird die Karte automatisch und kostenfrei <u>gesperrt</u>.

Den <u>Verlust</u> der Karte melden Sie bitte sofort unter der Rufnummer 0911/22 22 28.

2 Wählen Sie 3 – 5 Wörter aus dem Text, die Sie wichtig finden und lernen möchten. Schreiben Sie die Wörter auf kleine Karten (s. Arbeitsheft Seite 17/18).

6 Planen und Reservieren

6.1

A Ein Geschäftsbrief

1 Lesen Sie den Brief an die Tourist-Information Köln. Welches Informationsmaterial möchte sich der Absender schicken lassen?

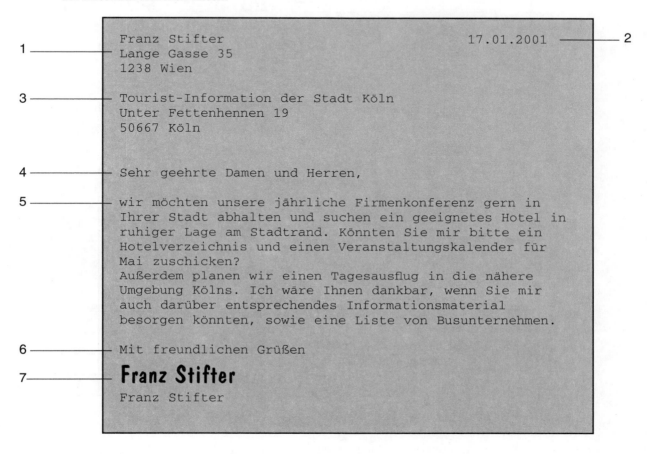

```
Franz Stifter                              17.01.2001
Lange Gasse 35
1238 Wien


Tourist-Information der Stadt Köln
Unter Fettenhennen 19
50667 Köln


Sehr geehrte Damen und Herren,

wir möchten unsere jährliche Firmenkonferenz gern in
Ihrer Stadt abhalten und suchen ein geeignetes Hotel in
ruhiger Lage am Stadtrand. Könnten Sie mir bitte ein
Hotelverzeichnis und einen Veranstaltungskalender für
Mai zuschicken?
Außerdem planen wir einen Tagesausflug in die nähere
Umgebung Kölns. Ich wäre Ihnen dankbar, wenn Sie mir
auch darüber entsprechendes Informationsmaterial
besorgen könnten, sowie eine Liste von Busunternehmen.

Mit freundlichen Grüßen

Franz Stifter
Franz Stifter
```

1 — 2 —
3 —
4 —
5 —
6 —
7 —

2 Schreiben Sie die richtigen Ziffern neben diese Erklärungen.

__ a) Anschrift des Empfängers

__ b) Schlussformel

__ c) Anrede, wenn der Name des
Empfängers nicht bekannt ist

__ d) Datum

__ e) Unterschrift des Absenders

__ f) Name und Anschrift des Absenders

__ g) Nach einem Komma hat das erste
Wort einen Kleinbuchstaben.

3 In einem Geschäftsbrief ist es wichtig höflich zu sein. Unterstreichen Sie die Sätze
im Brief, die Folgendes bedeuten:

1 Schicken Sie mir ein Hotelverzeichnis zu.
2 Besorgen Sie mir entsprechendes Informationsmaterial.

B Einen Brief schreiben

Sie machen einen Kundenbesuch in Köln oder Stuttgart. Sie möchten Ihre Geschäftsreise
mit einem zweitägigen Kurzurlaub verbinden. Schreiben Sie einen ähnlichen Brief an das
Verkehrsamt und bitten Sie um entsprechende Informationen.

A   Wortschatz: Hoteleinrichtungen

Welche Symbole passen zu welchen Wörtern?

1	2	3	4	5	6	7	8	9	10

__ a) Bettenanzahl

__ b) Solarium

__ c) Nichtraucherzimmer

__ d) Parkhaus/Tiefgarage

__ e) Öffentliche Verkehrsmittel

__ f) Nahe Autobahn

__ g) Hallen-Schwimmbad

__ h) Nahe Flughafen

__ i) Konferenzräume

__ j) Behindertenfreundlich

B   Wortschatz: Adjektive

Man kann folgende Adjektive benutzen, um ein Hotel zu beschreiben. Welche Adjektive passen zu welchen Punkten?

behaglich	international	gemütlich	komfortabel	aufmerksam
verkehrsgünstig	professionell	stimmungsvoll	ruhig	angenehm
individuell	zentral	regional	modern	exklusiv
reichhaltig	freundlich	erstklassig	zeitgemäß	stilvoll

1 die Lage _____

2 die Ausstattung _____

3 die Atmosphäre _____

4 die Küche/das Essen _____

5 der Service _____

C   Adjektivendungen

Lesen Sie den Text und setzen Sie passende Adjektive aus Übung B in der richtigen Form ein. Benutzen Sie jedes Adjektiv nur einmal.

Unser (1) _____ Haus im Villenstil ist besonders (2) _____ gelegen, nicht weit von der Autobahnkreuz Aachen in Richtung Lüttich und nur wenige Autominuten zum Zentrum der Kurstadt Aachen.

Die 45 (3) _____ Gästezimmer sind mit Bad/Dusche und WC, Telefonanschluss, Kabelfernsehen und Minibar ausgestattet.

Zwei Konferenzräume mit (4) _____ Tagungstechnik bieten Platz für 60 Teilnehmer.

Unser Hotel-Restaurant bietet eine (5) _____ Küche mit (6) _____ Frühstücksbuffet.

In der (7) _____ Bar werden den ganzen Tag (8) _____ Spezialitäten serviert.

Im Sommer können Sie den Abend in (9) _____ Atmosphäre auf der großen Terrasse verbringen.

Im Untergeschoss des Hauses befindet sich ein (10) _____ Fitnesscenter mit Sauna, Solarium und Whirlpool.

Mit einem (11) _____ , (12) _____ Service sorgen wir dafür, dass Ihr Aufenthalt richtig zu einem Ereignis wird.

A   Präpositionen

Setzen Sie die Präpositionen ein: *von/zu/nach/über*

1 Ich möchte mich _____ Kongress-Hotels in Köln erkundigen.

2 Können Sie mir einige Informationen _____ Ihr Hotel und die Konferenzeinrichtungen geben?

3 Wie weit ist Ihr Hotel _____ der Stadtmitte entfernt?

4 Darf ich einige Fragen _____ Ihren Preisen stellen?

5 Ist die Konferenzpauschale abhängig _____ der Teilnehmerzahl?

B   Superlativformen

1 Lesen Sie die Kleinanzeigen unten. Was bedeuten diese Abkürzungen?

1 B = _____	4 Zi = _____	6 P = _____
2 EZ = _____	5 Du = _____	7 G = _____
3 DZ = _____		

Hotel Gloria, in ruhiger Lage am Stadtrand, 15 S-Bahn-Minuten zur Innenstadt, 90 B, EZ mit Frühstück € 40,- bis 45,-, DZ € 75,- bis 80,-, alle Zi mit Bad oder Du, WC und Tel, Tagungsräume für 60 Personen, gutbürgerliche Küche, hauseigener P.

Hotel Krone, 110 B, EZ mit Frühstück € 60,-, DZ € 110,-, alle Zi mit Bad, Du, WC, Tel und Farb-TV, Tagungsräume für 40 – 100 Personen, erstklassige Küche, besonders für Wildspezialitäten bekannt, überdachte Terrasse, Bierkeller, 2 U-Bahn Stationen vom Zentrum, Parkgarage 5 Min.

Hotel Hirsch, sehr ruhige Lage am Waldrand, Blick über den See, Busverbindung (20 Min) in die Stadt, 85 B, EZ mit Frühstück € 45,-, DZ € 85,-, alle Zi mit Bad oder Du, WC und Tel, 3 Tagungsräume bis 80 Personen, Fitnessraum mit Sauna, Solarium, Schwimmbad, gemütlicher Aufenthaltsraum mit Bar und TV, gutbürgerliche Küche, Hunde willkommen, G, großer P.

2 Vergleichen Sie die Hotels. Setzen Sie die Superlativformen der Adjektive ein und beantworten Sie die Fragen.

1 Welches Hotel ist *am billigsten* (billig)?   _____

2 Welches Hotel hat die _____ (viel) Betten?   _____

3 Welches Hotel hat die _____ (groß) Tagungskapazität?   _____

4 Von welchem Hotel ist man am _____ (schnell) im Zentrum? _____

5 Welches Hotel hat die _____ (schön) Lage?   _____

6 Welches Hotel bietet die _____ (gut) Küche?   _____

7 Welches Hotel hat das _____ (umfangreich) Freizeitangebot? _____

A   Das Datum

Schreiben Sie das Datum in Worten, z.B.:

Heute ist der *dreizehnte Oktober*. (13.10.)

1   Heute ist der _____ (3.6.)

2   Hätten Sie am _____ (16.3.) Zeit?

3   Ich bin vom _____ bis zum _____
(21. - 25. 7.) im Urlaub.

4   Treffen wir uns am Freitag, dem _____ (7.5.)

B   Konjunktionen: *weil, da* oder *denn*?

Wählen Sie einen passenden Grund aus dem Kasten und verbinden Sie die Sätze mit *weil, da* oder *denn*. **NB** Beachten Sie die Stellung des Verbs!

> Ich hatte eine Panne auf der Autobahn.
> Wir haben im Moment Probleme mit der Produktion.
> Es ist etwas dazwischengekommen.
> Ich finde die Kollegen sehr nett.
> Der Computer funktioniert nicht.

1   Ich muss meinen Termin leider absagen, denn _____

2   Ich konnte Herrn Schmidt gestern leider nicht besuchen, da _____

_____

3   Ich kann Ihre Auftragsnummer im Moment nicht finden, weil _____

4   Wir können den Liefertermin leider nicht einhalten, weil _____

_____

5   Ich arbeite gern bei der Firma, denn _____

C   Dialog: Einen Termin vereinbaren

Herr Schröder möchte mit Frau Ressel über die Probleme mit der neuen Serie sprechen. Er ruft sie an, um einen Termin zu vereinbaren. Sehen Sie sich die beiden Terminkalender rechts an und bilden Sie einen Dialog mit Hilfe dieser Stichwörter.

S: Guten Tag / müssen unbedingt über ... / Termin / diese Woche / vereinbaren?

R: diese Woche / zu beschäftigt / nächste Woche besser / Montagvormittag?

S: schlecht, weil schon zwei Besprechungen / Mittwoch oder Donnerstag?

R: nicht möglich, denn ... / Freitagnachmittag?

S: Nein, da ist ... / Moment! / erster Termin am Montag / 10.00 Uhr / davor treffen? / 8.30 Uhr / zu früh?

R: Nein ...

S: Gut / treffen / Montag ... / Auf Wiederhören.

Herrn Schröders Terminkalender:

JANUAR

Montag
23

10.00 Uhr Hr. Biele
11.30 Uhr Fr. Ritter
14.00 Uhr Abteilungsbesprechung

Dienstag
24

Abfahrt Hamburg 8.10 Uhr

Mittwoch
25

Hrn. Takemitsu abholen, 14.45 Uhr

Donnerstag
26

Betriebsbesichtigung m. Hrn. Takemitsu, Mittagessen

Freitag
27

15.00 Uhr Betriebsratsitzung

Samstag
28

Sonntag
29

Frau Ressels Terminkalender:

4. Woche

JANUAR

Montag
23

Mittagessen mit Hrn. Lauter

Dienstag
24

10.20 Uhr Besprechung mit Hrn. Blei
14.30 Besuch bei Firma Schlegel

Mittwoch
25

Messe Düsseldorf

Donnerstag
26

Messe Düsseldorf

Freitag
27

9.00 Uhr Verkaufsbesprechung

Samstag
28

Sonntag
29

A Dialog: Eine Zimmerreservierung

Frau Hauser von der Firma Meier ruft das
Rega Hotel in Stuttgart an, um eine
Zimmerreservierung zu machen. Sie
braucht zwei Einzelzimmer und zwei
Doppelzimmer mit Bad oder Dusche.
Der Anreisetag ist der 8.6. und der
Abreisetag ist der 10.6. Vervollständigen
Sie das Gespräch unten mit Hilfe der
Informationen im Hoteltarif.

REGA HOTEL STUTTGART

Ludwigstraße 18–20
D-70176 Stuttgart
Telefon 07 11 / 61 93 4-0
Telefax 07 11 / 61 93 4-77

TARIF

ZIMMERANZAHL: 60   **ANZAHL DER BETTEN: 112**
Alle Zimmer mit Bad oder Dusche, WC,
Farbfernsehgerät, Radio, Telefon, Minibar

EINZELZIMMER   € 90 /105
DOPPELZIMMER   € 115 / 120
Hauseigene TIEFGARAGE pro Tag € 7
Frühstücksbüfett, 15 % Bedienung und die gesetzliche
Mehrwertsteuer sind im Endpreis enthalten.

 S-Bahnanschluss Feuersee 5 Gehminuten vom Hotel
Wir freuen uns auf Ihren Besuch und wünschen einen
angenehmen Aufenthalt.

A: Rega Hotel Stuttgart, guten Tag!

B: Guten Tag, hier _____

Ich brauche _____ und _____

in der _____ Juniwoche. Haben Sie da _____ ?

A: Moment, ich sehe nach … Ja, _____

B: Gut. Und _____ ?

A: Einzelzimmer kosten _____ Euro pro Nacht, Doppelzimmer _____

B: Aha. Sind diese Preise _____ ?

A: Ja, das Frühstücksbüffet _____

B: Gut. Und _____ ?

A: Ja, alle Zimmer sind mit Bad oder Dusche und WC ausgestattet.

B: _____ ? Zwei Gäste werden nämlich mit
dem Auto ankommen.

A: _____

B: OK. Dann möchte ich also _____

vom _____ bis zum _____ Juni reservieren.

A: _____, bitte?

B: Auf den Namen Meier, das ist der Firmenname. Die Namen der Gäste kann ich Ihnen jetzt

noch nicht bekannt geben. Können Sie mir die Reservierung _____ ?

A: Natürlich, Frau Hauser, das mache ich noch _____

B: Noch eine Bitte. _____ ?

A: Am besten schicke ich Ihnen unsere Broschüre, Frau Hauser. Drin ist ein Innenstadtplan,
auf dem die Lage unseres Hotels markiert ist. Was ist Ihre Adresse?

B: Die Adresse ist …

B Präpositionen mit dem Genitiv

Setzen sie die richtigen Formen der Artikel und der Substantive ein.

1 Ich rufe wegen _____ (die Konferenz) im nächsten Jahr an.

2 Das Hotel liegt etwas außerhalb_____ (die Stadt).

3 Wir sind während _____ (die Messe) schon völlig ausgebucht.

4 Ich brauche ein Einzelzimmer anstatt _____ (ein Doppelzimmer).

5 Trotz _____ (die Zentrumslage) sind alle Zimmer absolut ruhig.

C Ein Hotelmeldeschein

Wenn man in einem Hotel übernachtet, muss man sich am Tag der Ankunft anmelden.
Füllen Sie den Meldeschein mit Ihren Angaben aus.

Meldeschein der Beherbergungsstätten
Registration form of hotels and lodgings/Déclaration d'arrivée

Rechtsgrundlage für die Erhebung der nachfolgend aufgeführten Daten sind
§§ 23 und 24 des Meldegesetzes vom 11. April 1983 (GBl. S. 117)

	Gast/Guest/Client	Begleitender Ehegatte/Accompanying spouse/Conjoint accompagnant
Tag der Ankunft Date of arrival/date d'arrivée		
Tag der voraussichtlichen Abreise Anticipated date of departure/Date probable de départ		
Familienname (ggf. auch abweichende früh. Familiennamen, z. B. Geburtsnamen) Surname (including former surname, or name at birth) Nom de famille (event. noms de famille antérieurs, p.ex. nom de naissance)		
Vornamen (nur Rufnamen) Christian name (first name only) Prénom (uniquement prénom usuel)		
Geburtsdatum Date of birth/Date de naissance		
Geburtsort Place of birth Lieu de naissance		
Staatsangehörigkeit(en) Nationality (nationalities)/Nationalité(s)		
Postleitzahl, Wohnort (Hauptwohnung) Postal code, address (usual residence) Code postal, domicile (principal)		
Straße, Hausnummer Street, number Rue, numéro		
Staat (bei Wohnort außerhalb des Bundesgebietes) Country, State (if residence is outside of FRG) Etat (si domicile en dehors de la RFA)		
Anzahl der begleitenden Kinder No. of accompanying children/Nombre d'enfants accompagnants		

Bei Reisegesellschaften von mehr als zehn Personen:
For travel groups of more than ten persons:/S'il s'agit de groupes de plus de dix personnes:

Zahl der Mitreisenden:
No. of group members/Nombre des participants: **Staatsangehörigkeit(en):**
                                                     Nationality (nationalities)/Nationalité(s)

Unterschrift des Gastes bzw. Reiseleiters
Signature of guest or courier/Signature du client, responsable du groupe

Unterschrift des Ehegatten
Signature of spouse/Signature du conjoint

Erweitern Sie Ihren Wortschatz!

Die folgenden Übungen sollen Ihnen helfen, die Wörter aus **KAPITEL 6** zu wiederholen und Ihren Wortschatz zu erweitern.

A Tagungstechnik

Sehen Sie sich das Bild des Konferenzraumes an. Kreuzen Sie das Zutreffende in der Checkliste unten an (x).

CHECKLISTE

TAGUNGSTECHNIK UND AUSSTATTUNG

❑ Diaprojektor	❑ Projektionstisch	❑ Reihenbestuhlung
❑ Overhead-Projektor	❑ Leinwand	❑ U-Form
❑ Videoanlage	❑ Fernseher	❑ Bankett
❑ Kassettenrekorder	❑ Verlängerungskabel	❑ Ablagetisch
❑ Pinnwand	❑ Fotoapparat	❑ Aschenbecher
❑ Flipchart	❑ Mikrofon	❑ Schreibblöcke
❑ Rednerpult	❑ Folien	❑ Kugelschreiber
❑ Zeigestock	❑ Filzstifte	❑ Namensschilder

B Hotel-Information

Lesen Sie das Informationsblatt und setzen Sie die fehlenden Wörter ein.

Fernbedienung	Wäsche	kostenlos	Wertgegenständen
Warme Küche	Selbstwahltelefon	Regal	Anfrage
täglich	regeln	geöffnet	Amtsleitung

SEHR VEREHRTER GAST

HERZLICH WILLKOMMEN IM HOTEL ADLER

Hier einige Informationen zur ersten Orientierung:

** Alle Zimmer sind mit (1) _____ ausgestattet. Um eine
(2) _____ zu erhalten, wählen Sie bitte die 8. Mit der
Nummer 91 werden Sie mit der Rezeption verbunden.

** Mit Ihrer (3) _____ wählen Sie ganz nach Wunsch Ihr
Fernseh- oder Radioprogramm.

** Mit Hilfe eines Thermostats können Sie die Zimmertemperatur
individuell (4) _____

** Im Zimmer steht ein abschließbarer Safe zur Aufbewahrung von Geld
oder anderen (5) _____

** Frühstück von unserem reichhaltigen Buffet servieren wir
(6) _____ von 6.30 Uhr bis 10.00 Uhr in unserem Restaurant
(gegenüber der Rezeption).

(7) _____ gibt es von 11.30 Uhr bis 14.00 Uhr und von
18.00 Uhr bis 22.00 Uhr (Snacks bis 23.00 Uhr).

** Wir möchten Ihre Aufmerksamkeit auf unsere neue Bar lenken, die
sich in der Nähe der Rezeption befindet und täglich von 18.00 Uhr
bis 1.00 Uhr (8) _____ ist.

Weiterhin sind unsere Zimmer alle mit einer Minibar ausgestattet.
Den Rotwein finden Sie in einem kleinen (9) _____ im Zimmer.

** Wir bringen gern Ihre (10) _____ in die Reinigung. Wenn
Sie sie bis 8.30 Uhr am Empfang abgeben, kann sie bis am Abend
wieder fertig sein.

** Unsere Sauna im Untergeschoss steht unseren Hausgästen
(11) _____ zur Verfügung. Bitte haben Sie dafür
Verständnis, dass wir sie erst auf (12) _____ und aus
Sicherheitsgründen erst ab 2 Personen in Betrieb setzen.

Für weitere Auskünfte, Informationen und Anregungen stehen wir Ihnen gerne
jederzeit zur Verfügung.

**Wir bedanken uns, dass Sie für Ihren Aufenthalt unser Haus ausgewählt haben und
würden uns freuen, Sie in näherer Zukunft wieder bei uns willkommen zu heißen.**

7 Unterwegs in Deutschland

7.1

A Am Flughafen

Was tun Sie in folgenden Situationen? Ordnen Sie zu.

1 Wenn Sie Ihren Koffer verloren haben, gehen Sie

2 Fahrscheine bekommen Sie

3 Direkt vor dem Terminalgebäude ist

4 Wenn Sie Ihre Tasche nicht herumtragen möchten, nehmen Sie sich

5 Briefmarken bekommen Sie

6 Wenn Sie eine Information brauchen, gehen Sie

7 Ihr Gepäck bekommen Sie

8 Wenn Sie sich über Verkehrsverbindungen informieren wollen, brauchen Sie

a) einen Gepäckwagen.

b) in der Post.

c) zum Auskunftsschalter.

d) die Bushaltestelle.

e) einen Fahrplan.

f) am DB Verkaufsschalter.

g) zur Gepäckermittlung.

h) an der Gepäckausgabe.

B Fragen und Antworten

Schreiben Sie die Fragen zu diesen Antworten.

1 **A:** Entschuldigen Sie, _Hält der Flughafenbus hier?_

B: Nein, der Flughafenbus hält direkt vor der Ankunftshalle.

2 **A:** Entschuldigung, _wie lange dauert die fährt_

B: Zum Hauptbahnhof fahren wir ungefähr fünfundzwanzig Minuten.

3 **A:** Können Sie mir sagen, _wo ich ein fahrkarte kaufen kann._

B: Den bekommen Sie im DB-Reisezentrum oder drüben vom Automaten.

4 **A:** Entschuldigen Sie, _haben sein kleingeld_

B: Leider habe ich kein Kleingeld, aber dort vorne ist ein Wechselautomat.

5 **A:** Wissen Sie, _wo der zug nahr frankfurt abfaht_

B: Von Gleis 1.

6 **A:** _wissen sie wie oft der zug nahr f. fahrt_

B: Jede Stunde.

A: _Geht der zug nahr F direkt?_

B: Nein, Sie müssen umsteigen.

7 **A:** _Ich habe mein tasche verloren,_

B: Am besten gehen Sie zum Fundbüro, das ist in Halle C auf der Ebene 1.

A Herrn Bauers Reiseprogramm

Herrn Bauers Sekretärin erklärt Ihrem Chef sein Reiseprogramm. Lesen Sie das Programm und vervollständigen Sie dann den Text unten.

Reiseprogramm

Mi, 8. März	16.25 Abflug Wien, AUA 265
	17.10 Ankunft München
	Übernachtung: Hotel Krone
Do, 9. März	9.30 Hr. Braun, Firma Holzer
	13.38 Intercity ab Mü Hbf, 18.45 an Berlin
	Übernachtung: Hotel Stern
Fr, 10. März	Scheible AG:
	9.15 Fr. Wolf (Verkauf)
	11.15 Hr. Biermann (Fertigung)
	13.00 Mittagessen m. Hrn. Schmitz (Export)
	16.20 Rückflug Lufthansa 210
	18.25 Ankunft Wien

„Herr Bauer, Sie _fliegen_ _____ Mittwoch _____ 16.25 Uhr _____ Wien ab. Sie fliegen _____ Austrian Airlines, die _____ ist 265. Sie _____ _____ 17.10 Uhr in München _____ und _____ im Hotel Krone.

_____ Donnerstag haben Sie eine _____ mit Herrn Braun _____ 9.30 Uhr. _____ 13.38 Uhr _____ Sie den Intercity _____ Berlin, wo Sie _____ 18.45 Uhr _____ .

_____ nächsten Tag _____ Sie die Firma Scheible. _____ 9.15 Uhr haben Sie eine _____ mit Frau Wolf, der Verkaufsleiterin. Dann haben Sie noch einen _____ mit Herrn Biermann und _____ ein Uhr _____ Sie mit Herrn Schmitz zu Mittag.

_____ 16.20 Uhr fliegen Sie _____ und _____ _____ 18.25 Uhr in Wien _____ ."

B Das Perfekt

Herr Bauer erzählt einem Kollegen, was auf seiner Geschäftsreise passiert ist.
Setzen Sie *haben* oder *sein* und die Partizipien der Verben ein.

ankommen	verpassen	aufwachen	abfliegen	gehen	dauern	geben

1 Die Maschine _kam/ist_ mit einer Stunde Verspätung von Wien _angekommen_.

2 Die Besprechung am Donnerstag _hat_ bis ein Uhr _gedauert_ und ich _habe_ den Zug nach Berlin um zwei Minuten _verpasst_ !

3 Ich _bin_ zwei Stunden später als geplant in Berlin _angekommen_ und dann _hat_ es ein Problem mit meiner Zimmerreservierung _gegeben_.

4 Am Freitag _bin_ ich mit starken Kopfschmerzen _aufgewacht_, aber dann _ist_ Gott sei Dank alles nach Plan _gegangen_.

59

A Präpositionen: *zum, zur* oder *nach*?

Setzen Sie die Präpositionen richtig ein.

1 Entschuldigen Sie bitte, wie komme ich _zum_ Flughafen?

2 Wenn Sie _nach_ Bad Cannstadt wollen, nehmen Sie am besten die U-Bahn.

3 Wie komme ich am besten _zur_ Marienstraße?

4 Wie weit ist es zu Fuß bis _zum_ Rathaus?

5 Wann fährt der nächste Zug _nach_ Würzburg?

B Richtungsanweisungen

1 Sehen Sie sich den Plan an und vervollständigen Sie die Fragen unten.

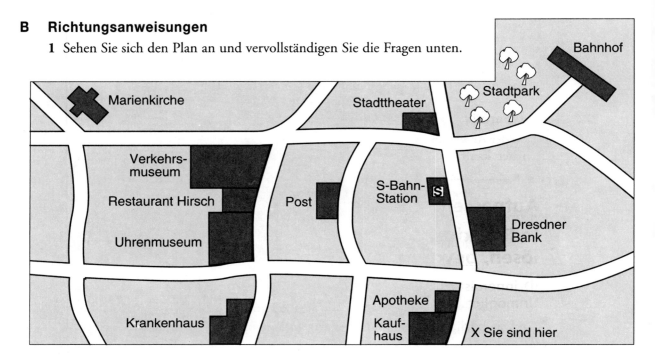

1 **A:** Entschuldigung, wie komme ich _____ ?

  B: Gehen Sie an der zweiten Kreuzung rechts, am Park vorbei und dann schräg links, dann sehen Sie ihn am Ende der Straße.

2 **A:** Entschuldigen Sie bitte, gibt es hier in der Nähe _____ ?

  B: Ja, ganz in der Nähe. Gehen Sie hier geradeaus, gleich hinter der ersten Kreuzung auf der rechten Seite.

3 **A:** Entschuldigen Sie, wo _____ ?

  B: Moment, da muss ich etwas überlegen ... Ja, am besten gehen Sie dort vorne an der Kreuzung links und dann die erste Straße rechts, ungefähr 300 Meter weiter auf der linken Seite.

4 **A:** Entschuldigung, wie _____ ?

  B: Gehen Sie hier geradeaus weiter, etwa 500 Meter. Sie ist vor der zweiten Kreuzung, auf der linken Seite.

2 Schreiben Sie ähnliche Dialoge. Geben Sie Anweisungen, wie man folgende Ziele erreicht.

1 das Krankenhaus   2 die Apotheke   3 das Restaurant Hirsch   4 die Marienkirche

7.4

A Der Infinitiv in Aufforderungen

Hier sind einige Regeln, die Sie beachten müssen, wenn Sie auf der Autobahn fahren. Setzen Sie die Verben ein.

fahren	beachten	überholen	einschalten	parken	halten

1 Geschwindigkeitsbegrenzungen unbedingt __beachten!__
2 Genügend Sicherheitsabstand __halten__
3 Niemals rechts __überholen__
4 Vor Ausfahrten und Autobahnknoten langsamer __fahren__
5 Nur auf Park- oder Rastplätzen __parken__
6 Bei einer Panne Warnblinklicht __einschalten__

B Der Imperativ

Anhand der Anweisungen unten erklären Sie einem Besucher, wie man einen Fahrschein vom Automaten kauft. Schreiben Sie Sätze im Imperativ.

> ## Aufpassen:
> ## In Frankfurt und Umgebung muss man einen Fahrschein lösen, <u>bevor</u> man die Bahn besteigt.
>
> (Drinnen ist es zu spät. Nachlösen: Unmöglich.)
>
> Und so bedienen Sie den Automaten (für Einzelfahrten):
>
> ● Farbe Ihres Fahrtziels feststellen.
>
> ● Taste – gemäß Farbe des Fahrtziels – drücken.
>
> ● Aufleuchtenden Betrag – möglichst abgezählt – zahlen.
>
> ● Wechselgeld nicht vergessen.
>
> Danke.

1 *Stellen Sie die Farbe Ihres Fahrtziels fest.* _____

2 _____

3 _____

4 _____

Die folgenden Übungen sollen Ihnen helfen, die Wörter aus **KAPITEL 7** zu wiederholen und Ihren Wortschatz zu erweitern.

A Worträtsel

1 Suchen Sie 15 Wörter zum Thema **Unterwegs**.

```
Z U S C H L A G O G L E S A
I F T E I N S T E I G E N U
A P H A L T E S T E L L E S
U A R B O A X P A N E I S F
T N U B B L E D N W I D P A
O N T I A U I Q K E P A U H
B E L E G L E I S K L O R R
A Y O G C T G O T M E R H T
H A U E R V K R E U Z U N G
N F U N C H T D L R Z O X A
G I E S A M P E L K L O P E
D A F X H U M L E I T U N G
S C H A L T E R G L I N E R
G E P Ä C K W A G E N O N G
```

2 Vervollständigen Sie diese Sätze. Wählen Sie passende Wörter aus dem Worträtsel.

1 Wenn Ihr Koffer sehr schwer ist, nehmen Sie sich einen _Gepäckwagen_

2 Wenn Sie mit dem ICE fahren wollen, müssen Sie einen _Zuschlag_ zahlen.

3 Bitte _Fenster_ und Türen schließen!

4 Die Straße ist wegen Bauarbeiten gesperrt. Sie müssen die _Umleitung_ nehmen.

5 _Gehen_ hinter dem Rathaus rechts _ab_

6 Am Wertherplatz war ein Verkehrschaos, weil die _Ampel_ nicht funktioniert hat.

7 Ordnen Sie sich in die rechte _Spur_ ein und nehmen Sie die _Abfahrt_ Wendlingen.

8 Wenn Sie eine _Panne_ haben, rufen Sie den ADAC an.

9 Das Benzin an einer _Autobahn_ _Tankstelle_ ist meistens sehr teuer.

B Faktoren bei der Wahl einer Fluggesellschaft

Was ist für Sie wichtig bei der Wahl einer Fluggesellschaft? Nummerieren Sie die folgenden Punkte in Rangordnung (1 = sehr wichtig, 12 = nicht sehr wichtig).

- ❏ moderne Flugzeuge
- ❏ günstige Abflugzeiten
- ❏ Pünklichkeit
- ❏ freundliches Bodenpersonal
- ❏ schnelle und effiziente Abfertigung
- ❏ getrennte Warteräume für Geschäftsreisende
- ❏ freundliches Kabinenpersonal
- ❏ Sauberkeit
- ❏ genug Abstand zwischen den Sitzen
- ❏ Lesesortiment an Bord
- ❏ gutes Essen an Bord
- ❏ Gratisgetränke

C Die Heimreise

Lesen Sie den Auszug aus dem **Wegweiser für den Frankfurter Flughafen** und setzen Sie die fehlenden Wörter ein.

Röntgengerät	Fluganzeigetafel	Sicherheit	Abflug	Bordkarte	Gate
Durchsagen	Sitzreihen	Ausreisebestimmungen	Flugschein	Kontrollen	Handgepäck

Am Check-in-Schalter (Gepäckannahme-Schalter) legen Sie Ihren (1) _____ (Ticket) vor und geben Ihr Gepäck ab. Sie erhalten Ihre (2) _____ mit der Sitzplatznummer.

! **Wenn Sie nur mit (3) _____ reisen, können Sie direkt am Gate (Warteraum) einchecken. Bitte melden Sie sich dort spätestens 30 Minuten vor Abflug.**

Nach Abgabe des Gepäcks und Erhalt der Bordkarte begeben Sie sich zu Ihrem (4) _____ (Warteraum).

Auf der Bordkarte steht

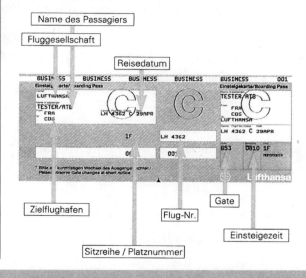

Name des Passagiers
Fluggesellschaft
Reisedatum
Zielflughafen
Sitzreihe / Platznummer
Flug-Nr.
Gate
Einsteigezeit

Die Gate-Nummer wird Ihnen mitgeteilt. Sie ersehen diese auch aus Ihrer Bordkarte und der (5) _____ .

▲ Am Check-in-Schalter   ▲ Zum Gate

! **Bitte planen Sie genügend Zeit für folgende (6) _____ ein, die Sie auf dem Weg zu Ihrem Gate passieren:**

– Bordkartenkontrolle
– Sicherheitskontrolle
– Pass-/Ausweiskontrolle

Passkontrolle: Wenn Sie Fragen zu Passangelegenheiten wie Ein- und (7) _____ haben, nutzen Sie bitte das **Bürgertelefon (069) 690-7 85 78.**

Bei der **Sicherheitskontrolle** wird mit einem Detektor nach metallischen Gegenständen gesucht. Handtasche und Handgepäck werden in einem (8) _____ durchleuchtet – Kamera und Film passiert aber nichts. Bitte haben Sie Verständnis, dass die Kontrollen Zeit in Anspruch nehmen; sie dienen Ihrer eigenen (9) _____ .

Am Gate (Warteraum) sollten Sie sich **spätestens 30 Minuten vor (10) _____ (Einsteigezeit)** einfinden, da eventuelle Kontrollen am Gate oder auch ein Bustransfer zum Flugzeug Zeit benötigen.

Am Gate zeigen Sie nochmals Ihre Bordkarte und passieren meist eine Personen- und Handgepäck-Sicherheitskontrolle. Achten Sie bitte auf die (11) _____ im Gate. Zum bequemeren und zügigeren Einsteigen werden die (12) _____ oft nacheinander aufgerufen.

▲ Kontrollen   ▲ Am Gate

GRAMMATIK

A Konjunktionen

Setzen Sie ein: *wenn/wann/weil/denn/dass/ob*

1 Können Sie mir sagen, *wann* Herr Braun zu erreichen ist?

2 Ich muss den Termin leider absagen, *wenn* ich habe im Moment keine Zeit.

3 *Wenn* Sie eine Telefonnummer brauchen, rufen Sie die Auskunft an.

4 Bitte richten Sie Frau Winter aus, *dass* die Lieferung noch nicht eingetroffen ist.

5 Morgen kann ich leider nicht kommen, *weil* ich zu beschäftigt bin.

6 Wissen Sie, *ob* Herr Bayer morgen im Büro ist?

/6

B Präpositionen und Artikel im Dativ oder Akkusativ

Setzen Sie die Präpositionen und die Artikel ein.

1 **A:** Entschuldigen Sie, wie komme ich (1) *zum* Hotel Krone?

 B: Am besten fahren Sie (2) *mit* (3) *der* U-Bahn. Gehen Sie (4) *bis* (5) *zur* ersten Ampel links und dann nehmen Sie (6) *die* erste Straße rechts. Die U-Bahn-Station ist (7) *an* (8) *der* rechten Seite.

2 **A:** Entschuldigen Sie, wo ist die Haltestelle (9) *für* (10) *den* Bus (11) *nach* Heidelberg?

 B: Dort drüben, (12) *an* (13) *der* Ecke.

 A: Und wo kann ich einen Fahrschein kaufen?

 B: (14) *im* Bus.

/14

SPRECHINTENTIONEN

C Am Telefon

Schreiben Sie eine passende Antwort auf diese Aussagen. (2 Punkte pro richtiger Antwort.)

1 **A:** Der Anschluss ist besetzt. Wollen Sie warten?

 B: _____

2 **A:** Frau Rech ist im Moment leider nicht an ihrem Platz.

 B: _____

3 **A:** Sie sind falsch verbunden.

 B: _____

4 **A:** Worum handelt es sich bitte?

 B: _____

5 **A:** Hat Herr Raue Ihre Telefonnummer?

 B: _____

/10

D Ein Termin

Vervollständigen Sie den Dialog.

A: Herr Blei, ich muss unseren Termin für morgen leider (1) _absagen_, weil ich krank bin.

B: Das (2) _____ , hoffentlich geht's Ihnen bald besser.

A: Können wir vielleicht einen anderen Termin für nächste Woche (3) _vereinbaren_

B: Ja, (4) _Passte_ Ihnen (5) _der_ vierte Mai?

A: Nein, (6) _Am 4^te_ Mai bin ich in Bonn. (7) _lichtes_ vielleicht am Donnerstag?

B: Ja, Donnerstag (8) _____ gut. Sagen wir um halb zehn?

A: Prima. Also bis Donnerstag!

8

WORTSCHATZ

E Im Hotel

Welches Wort passt nicht? Streichen Sie durch.

1 Das Hotel ist bequem / ausgezeichnet / beschäftigt / teuer.

2 Die Lage ist modern / zentral / verkehrsgünstig / ruhig.

3 Das Zimmer hat Kabelfernsehen / Tagungsräume / Klimaanlage / einen Fön.

4 Das Hotel hat Konferenzeinrichtungen / eine Tiefgarage / ein Hol- und Bringservice / Stadtrundfahrten.

5 Die Konferenzpauschale beinhaltet Tagungstechnik / Konferenzräume / Konferenzteilnehmer / Erfrischungen.

6 Ich möchte eine Reservierung besichtigen / ändern / bestätigen / stornieren.

6

F Reisen

Schreiben Sie Verben auf, die zu diesen Wörtern passen.

1 den Schildern _folgen_

2 im Hotel _wohnen_

3 links _abbiegen_

4 eine Banknote _wechseln_

5 den Zug _nehmen_

6 an der Endstation _aussteigen_

6

50 Gesamtpunktzahl

8 Auf der Messe

A Das Imperfekt

1 Unten finden Sie einige wichtige Daten zur Geschichte der Firma Mercedes-Benz.
<u>Unterstreichen</u> Sie alle Verben im Präsens.

Daimler Motorkutsche

Daimler Straßenbahn

Sieg Jenatzys beim Gordon-Bennett-Rennen

Wiederaufnahme der Pkw-Produktion

1886
Benz konstruiert einen dreirädrigen
Motorwagen.
Daimler präsentiert seine Motorkutsche.

1887
Die erste Straßenbahn fährt mit
Daimler-Motoren.

1888
Zum ersten Mal fliegt ein Flugschiff mit
Verbrennungsmotor.

1890
Die Daimler-Motoren-Gesellschaft wird
gegründet.
Maybach konstruiert den ersten
Vierzylinder-Reihenviertaktmotor.

1894
Im ersten Automobil-Wettbewerb der Welt
gewinnt ein Wagen mit
Daimler-Motor.

1926
Die DMG und Benz & Cie. fusionieren sich
zur Daimler-Benz AG.

1926
Die Firma geht von der Handarbeit zur
Serienproduktion über.

1940
Daimler-Benz stellt auf Kriegsproduktion
um.

1945
Alliierte Truppen besetzen die
Daimler-Benz Werke.

1946
Im Werk Sindelfingen beginnt die
Pkw-Fertigung wieder.

2 Setzen Sie die Imperfektformen der Verben in den folgenden Text ein.

Die Firmengeschichte von Mercedes-Benz begann im Jahr 1886, als Benz seinen dreirädrigen

Motorwagen (1) _____ und Daimler seine Motorkutsche (2) _____ . Schon im

nächsten Jahr (3) _____ die erste Straßenbahn mit Daimler-Motoren und im Jahr darauf

(4) _____ das erste Flugschiff mit einem Daimler-Verbrennungsmotor.

Die Daimler-Motoren-Gesellschaft (5) _____ 1890 gegründet und im gleichen Jahr

(6) _____ Maybach den ersten Vierzylinder-Reihenviertaktmotor. 1894 (7) _____

ein Wagen mit Daimler-Motor den ersten Automobil-Wettbewerb der Welt. 1926 (8) _____

die DMG und Benz & Cie. zur Daimler-Benz AG. Zwei Jahre später (9) _____ die Firma

von der Handarbeit zur Serienproduktion über.

1940 (10) _____ die Firma auf Kriegsproduktion um, aber bis zum Ende des Krieges

wurden die meisten Anlagen weitgehend durch Luftangriffe zerstört. 1945 (11) _____ die

Alliierten die Daimler-Benz Werke, aber bereits 1946 (12) _____ im Werk Sindelfingen

wieder die Pkw-Fertigung.

B   Imperfekt der starken und schwachen Verben

Ordnen Sie die Verben in Übung A in zwei Gruppen.

starke Verben	schwache Verben
fahren / fuhr	*konstruieren / konstruierte*
_____	_____
_____	_____
_____	_____
_____	_____
_____	_____

C   Konstruktionen mit dem Infinitiv: *zu* oder *um ... zu*?

1 Hier sind einige Ziele für die Messebeteiligung. Setzen Sie *zu* oder *um ... zu* ein, z.B.:

Wir stellen hier aus(,) *um* die neuesten Produkte *zu* präsentieren.
Wir versuchen(,) _/_ neue Märkte *zu* erschließen.

1 Wir hoffen(,) ____ neue Kunden ____ werben.

2 Wir beteiligen uns an der Messe(,) ____ ein breites Fachpublikum ____ erreichen.

3 Wir sind hier(,) ____ die Reaktion der Besucher ____ testen.

4 Wir planen(,) ____ das Auslandsgeschäft ____ erweitern.

5 Unser Ziel ist(,) ____ den Umsatz auf 25 Mio. ____ erhöhen.

2 Was sind Ihre Wünsche, Pläne, Hoffnungen für die Zukunft? Schreiben Sie Sätze.

1 Ich will _____

2 Ich plane(,) _____

3 Ich hoffe(,) _____

A   Dialog: Verkaufsgespräch auf dem Messestand

Sie arbeiten bei einer Firma, die Grillgeräte herstellt und vertreibt. Ein Besucher möchte Informationen über Holzkohle-Grillgeräte. Schreiben Sie einen Dialog mit Hilfe der Stichwörter.

Rundgrill

Grillwagen

Sie: behilflich sein?
Besucher: Großhändler / interessieren / Holzkohle-Grillgeräte
Sie: umfangreiches Angebot / Rundgrills oder Grillwagen?
Besucher: Rundgrills
Sie: also / dieses Modell / gefragt / Durchmesser 45 cm, Höhe 74 cm
Besucher: Preis / dieses Modell?
Sie: Großhändler-Verkaufspreis / 43 Euro
Besucher: auch / Zubehör / anbieten?
Sie: Ja / große Auswahl an Zubehörartikeln, z.B. Grillbesteck, Grillanzünder, Grillreiniger
Besucher: wie schnell / liefern?
Sie: in der Grill-Saison (März – Juli) / in der gesamten EU / innerhalb von einer Woche
Besucher: Zahlungsbedingungen?
Sie: 30 Tage netto
Besucher: Katalog, Händlerpreisliste / schicken / meine Karte
Sie: Vielen Dank / Besuch / nach der Messe / sofort / zuschicken

B   Nebensätze mit *wenn*

Verbinden Sie die Sätze mit *wenn.*

1   Sie haben Fragen. Ich stehe Ihnen gerne zur Verfügung.

_____

2   Sie möchten mehr über das Produkt wissen. Ich schicke Ihnen unsere Broschüre.

_____

3   Sie möchten mit dem Geschäftsführer sprechen. Ich vereinbare gern einen Termin für Sie.

_____

4   Sie möchten sehen, wie man das Zelt aufstellt. Besuchen Sie unsere Produktvorführung.

_____

Eine Produktpräsentation

Ergänzen Sie den Text unten anhand dieser Informationen.

ADVENTURE
– setzt neue Maßstäbe

Mit dem **ADVENTURE** wurde ein neuer Meilenstein in der Canadier Geschichte gesetzt. Denn es bietet alles, was sich erfahrene Canadier Freunde vom "idealen" Reise-Canadier erwarten.

Das neue **ADVENTURE** eignet sich vorzüglich:

... als Wanderboot für Seen, Flüsse, Meere

... als Camping- und Badeboot für die ganze Familie

... als gemütliches Motorboot mit "Innenborder"

TECHNISCHE DATEN	
LÄNGE/BREITE außen	440 x 95 cm
LÄNGE/BREITE innen	390 x 55 cm
BORDWAND	46 cm
GEWICHT	25 kg
PACKMASS minimal	65 x 45 x 20 cm
RUCKSACK	70 x 45 x 30 cm
PERSONEN	3 Erw. + 2 Kinder
TRAGKRAFT	600 kg
LUFTKAMMERN	3
AUFBAUZEIT	9 min
MOTORLEISTUNG	2 PS = 1,5 KW
SEGELFLÄCHE	–
FARBE	schwarz/rot

SERIENMÄSSIGE AUSSTATTUNG:

3 Sicherheitsventile, 2 Sitzbretter (Bug + Heck), 2 Traggurte, 6 D-Ringe, 30 Sitzbrett Ösen, 2 Spritzdecken Lochleisten, kräftige Bug/Heckverstärkung, Packleine, Gebrauchsanweisung

„Meine Damen und Herren, Sie sehen hier (1) _____ .

Das ADVENTURE eignet sich (2) _____

_____ .

Die Außenmaße sind (3) _____ und das Boot wiegt (4) _____ .

Mit einem Packmaß von (5) _____ ist das ADVENTURE zu Hause einfach aufzubewahren und leicht zu transportieren. Das Boot kann schnell und leicht aufgebaut werden, innerhalb von (6) _____ . Das ADVENTURE hat bequem Platz für

(7) _____ und kann insgesamt eine Last von (8) _____ tragen.

Eine Besonderheit des ADVENTURE ist die ideale Farbgebung: die (9) _____ Außenwand fügt sich unauffällig in die Natur, die (10) _____ Innenwand kann als Signalfarbe im Notfall lebensrettend sein.

Zusätzlich zur Serienausstattung gibt es ein umfangreiches Angebot an Zubehör. Die neue Motorhalterung ist mit einem Handgriff montiert und erlaubt eine Motorisierung bis (11) _____ . Mit dem TANAKA 120 Außenbordmotor ist das ADVENTURE ein gemütliches Motorboot, das spielend 10 Kilometer pro Stunde schafft.

So, meine Damen und Herren, jetzt möchte ich Ihnen zeigen, wie man das Boot aufbaut. Möchte jemand noch vorher eine Frage stellen?"

A Wortbildung

Machen Sie Adjektive aus diesen Wörtern. Welches Adjektiv passt zu welchem Substantiv?

A	B	Adjektiv	Substantiv
Wasser	leicht	*wasserdicht*	ein Motor
Pflege	stark	_____	eine elektrische Glühbirne
Umwelt	dicht	_____	eine Armbanduhr
Strom	frei	_____	Aluminium
Abgas	beständig	_____	ein Computer
Leistung(s)	schädlich	_____	eine Tischplatte
Rost	arm	_____	Textilien
Hitze	sparend	_____	Waschmittel mit Phosphaten

B Vor- und Nachteile

1 Benutzen Sie lieber öffentliche Verkehrsmittel oder Ihr Auto? Lesen Sie die folgenden Vor- und Nachteile. Gibt es weitere Vor- und Nachteile für Sie? Tragen Sie sie in die Tabelle ein.

	Vorteile	Nachteile
Öffentliche Verkehrsmittel (Zug, Bus, S-/U-Bahn)	umweltfreundlich können schneller sein relativ sicher	lange Wartezeiten möglich oft überfüllt teuer für Familien Verspätungen möglich
Personenkraftwagen	bequem flexibel	belastet die Umwelt teuer für Einzelpersonen relativ großes Unfallrisiko Parkschwierigkeiten

2 Vergleichen Sie Vor- und Nachteile und schreiben Sie Sätze, z.B.:

Ein Auto ist [bequemer] als öffentliche Verkehrsmittel.
Öffentliche Verkehrsmittel sind nicht so ... wie ein Auto.
Ein Nachteil/Vorteil des Autos/der öffentlichen Verkehrsmittel ist, dass ...
Autos/Die öffentlichen Verkehrsmittel haben den Vorteil/Nachteil, dass ...

A   Ein Werbebrief

In diesem Brief gibt es einige Fehler

a) in Bezug auf die Groß- oder Kleinschreibung (7 Fehler)
b) in Bezug auf Endungen (6 Fehler – underline(unterstrichen)).

Korrigieren Sie die Fehler.

Seizinger & Co.

Himmelstraße 23, 22527 Hamburg

Laubach GmbH
Frau Berta Weiss
Kreittmaystraße 37
80335 München   08.03.2001

Betr.: Ihre Anfrage vom 03.03.2001

Sehr geehrter Frau Weiss,

Wir danken Sie für Ihren Besuch auf unserem Stand und für Ihr Interesse an unseren Produkten und Dienstleistungen.

In die Anlage übersenden wir ihnen die illustrierte Broschüre unserer neuesten Schlafzimmermöbel-Kollektion. Die hier abgebildeten beispiele sind nur ein kleiner Ausschnitt aus der großen Palette unseres Möbelangebot. Romantisch oder klassisch, rustikal oder modern - wir bieten eine individuelle lösung für jede Geschmack und erstklassige Qualität zu attraktiven Preisen.

Ebenfalls beiliegend finden sie Informationsmaterial über Preise und Rabatte.

Selbstverständlich sind wir gern bereit, in einem weiteren Gespräch ihre persönliche Erfordernisse zu diskutieren und werden Sie zu diesem Zweck in kürze anrufen.

Mit freundlichen Grüßen

Hans Auer

Hans Auer
Vertrieb und Marketing

2 Anlagen

B   Abkürzungen

In Geschäftskorrespondenz werden oft Abkürzungen benutzt. Ordnen Sie zu.
Dann schreiben Sie die äquivalenten Abkürzungen in Ihrer Sprache auf.

1 Betr.   a) siehe oben   _____

2 z. Hd.   b) Firma   _____

3 i. V.   c) betrifft/betreffend   _____

4 s. o.   d) Anlage   _____

5 An.   e) zu Händen   _____

6 Fa.   f) in Vertretung   _____

Die folgenden Übungen sollen Ihnen helfen, die Wörter aus **KAPITEL 8** zu wiederholen und Ihren Wortschatz zu erweitern.

A   Materialien

Aus welchen Materialien sind die Gegenstände unten? **NB** Meistens gibt es mehrere Möglichkeiten.

Leder	Porzellan	Kunststoff	Glas	Wolle	Stahl
Holz	Beton	Baumwolle	Kunstfaser	Gummi	

1 Ein Gebäude kann aus _____ sein.

2 Möbel können aus _____ sein.

3 Autoreifen sind aus _____.

4 Schuhe können aus _____ sein.

5 Tassen können aus _____ sein.

6 Kleidung kann aus _____ sein.

B   Geometrische Formen

1 Schreiben Sie die Substantive unter die Diagramme. Dann suchen Sie die entsprechenden Adjektive im Wörterbuch und schreiben Sie sie dazu.

der Kreis	das Dreieck	der Würfel	das Rechteck	der Zylinder	die Kugel	das Quadrat

Zweidimensional:

1 *der Kreis/kreisförmig*   2 _____   3 _____   4 _____

Dreidimensional:

5 _____   6 _____   7 _____

2 Lesen Sie die Produktbeschreibungen und setzen Sie die Wörter ein.

Volumen	Seiten	Durchmesser	Fläche	Winkel

„Der Gartenpavillon ist rechteckig angelegt, mit einer (1) _____ von 28 qm. Alle vier (2) _____ haben Flügeltüren. Das attraktive Dach mit einem (3) _____ von 300⁰ ist aus wetterfestem Kunststoff."

„Das kreisförmige Schwimmbecken ist nach DIN-Normen gebaut und TÜV-geprüft. Es hat einen (4) _____ von 4 Metern und steht auf einem Gestell aus Aluminium. Das (5) _____ beträgt zirka 16 m³."

C Was kann man mit diesen Gegenständen tun?

Setzen Sie die Substantive und die Verben ein.

> Computer   Thermometer   Haarfön   Generator
> Drucker   Schalter   Korkenzieher   Messer

> messen   drucken   aufmachen   trocknen
> einschalten   schneiden   speichern   erzeugen

1 Mit einem _____ kann man ein Gerät _____

2 Mit einem _____ kann man Texte _____

3 Mit einem _____ kann man Daten _____

4 Mit einem _____ kann man sich die Haare _____

5 Mit einem _____ kann man eine Flasche Wein _____

6 Mit einem _____ kann man die Temperatur _____

7 Mit einem _____ kann man Brot _____

8 Mit einem _____ kann man elektrischen Strom _____

D Konjunktionen

1 Lesen Sie diese Argumente für eine Messebeteiligung und setzen Sie die passenden Konjunktionen ein: *denn/ob/wenn/weil/obwohl*

1 Wir sollten uns an der Messe beteiligen, _____ wir da ein breites Fachpublikum erreichen können.

2 Auf der Messe können wir herausfinden, _____ sich diese Produktserie auf dem deutschen Markt verkaufen lässt.

3 Wir sollten auf der Messe ausstellen, _____ die Kosten relativ hoch sind. Nur so können wir unser Firmenprofil erhöhen.

4 _____ wir uns an der Messe beteiligen, können wir Marktinformationen aus erster Hand sammeln.

5 Eine Messebeteiligung ist wichtig, _____ dort können wir die Konkurrenz beobachten.

2 Schreiben Sie weitere Argumente für eine Messebeteiligung.

E Tipps zur Planung und Organisation der Messe

Setzen Sie die Partizipien der Verben ein.

> präsentieren   bereitstellen   schulen   kalkulieren   planen

1 Zuerst muss das Messebudget _____ werden.

2 Die Firma und die Produkte sollen imagebewusst _____ werden.

3 Das Standpersonal muss in Bezug auf Produktwissen und Verkaufsargumentation

_____ werden.

4 Werbematerial sollte in ausreichender Anzahl _____ werden.

5 Produktvorführungen müssen sinnvoll _____ werden.

9 Import – Export

9.1

Das Passiv: Ein Produktionsverfahren

Die Firma Bahlsen ist ein führender Hersteller von Nahrungs- und Genussmitteln. Die Firma stellt unter anderem Kartoffelchips her. Lesen Sie, wie aus einer Kartoffel Chips gemacht werden und setzen Sie die Partizipien der Verben ein.

schneiden	transportieren	schälen	abfüllen	nachputzen	verladen
waschen	würzen	rösten	versiegeln	freigeben	fritieren

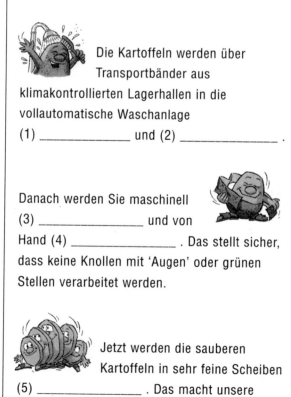

Von der Kartoffel zur Chipstüte

Es ist ein langer und komplizierter Weg von der Chipskartoffel bis zu den dauerhaft verpackten leckeren Kartoffelchips.

Die Kartoffeln werden über Transportbänder aus klimakontrollierten Lagerhallen in die vollautomatische Waschanlage (1) _____ und (2) _____ .

Danach werden Sie maschinell (3) _____ und von Hand (4) _____ . Das stellt sicher, dass keine Knollen mit 'Augen' oder grünen Stellen verarbeitet werden.

Jetzt werden die sauberen Kartoffeln in sehr feine Scheiben (5) _____ . Das macht unsere Chips so attraktiv und schmackhaft.

Die Scheiben werden in Öl (6) _____ und anschließend im Vakuum-Kessel bei 1200° (7) _____ . Durch unsere schonende Röstmethode bleiben die Nährwerte erhalten.

Nach dem Rösten werden die noch warmen Chips (8) _____ .

In allen Produktionsstufen gehen immer wieder Proben zum Labor, damit die Qualität auch wirklich stimmt. Nur einwandfreie Ware wird zur Verpackung (9) _____ .

Die Chips werden von elektronisch gesteuerten Wiege- und Abfüllautomaten in Beutel (10) _____ und wasser- und luftdicht (11) _____ . Die abgepackten Chips werden noch am gleichen Tag (12) _____ , damit sie den Verbraucher frisch und aromatisch erreichen.

A Ein schriftliches Angebot

Lesen Sie den Brief und setzen Sie die fehlenden Wörter in den Brieftext ein.

Lieferung	Stückpreis	Rabatt	Anfrage	Verpackung	Auftrag
Angebot	Menge	Skonto	Bezeichnung	Artikelnummer	Bestellung

Altmeier & Co. KG

Forststraße 112
70193 Stuttgart

Strack Camping
Frau Reitmeier
Wattgasse 128
1160 Wien

Stuttgart, 13.9.2001

Sehr geehrte Frau Reitmeier,

ich beziehe mich auf Ihre (1) _____ vom 5.9. und lege Ihnen ein entsprechendes

(2) _____ vor.

Wir bieten Ihnen an:

(3) _____	(4) _____	(5) _____	(6) _____
521	Schlafsack "Parka" Regular	100	€ 250,-
522	Schlafsack "Parka" Large	25	€ 280,-

Wir bieten Ihnen einen (7) _____ von 5% auf die oben genannten Artikel bei
Eingang der (8) _____ vor dem 31.12. dieses Jahres.

Die Preise verstehen sich ab Werk, ausschließlich Mehrwertsteuer, einschließlich

(9) _____ .

Die (10) _____ erfolgt zwei Wochen nach Auftragseingang.

Die Zahlung hat uns innerhalb von 30 Tagen zu erreichen. Bei Zahlung innerhalb von
14 Tagen gewähren wir ein (11) _____ von 2 %.

Wir freuen uns auf Ihren (12) _____ .

Mit freundlichen Grüßen

Peter Zinner

Peter Zinner
Verkauf

B Abkürzungen

Schreiben Sie die Wörter für diese Abkürzungen. Alle Wörter wurden im Brief oben benutzt.

1 Art.-Nr. _____

2 MwSt. _____

3 St. _____

4 Lfg. _____

5 m.f.g. _____

9.3

A Eine Bestellung

Vervollständigen Sie den Antwortbrief auf das Angebot in Übung 9.2A (Arbeitsheft S. 75). Setzen Sie die passenden Sätze oder Wörter ein. Wählen Sie von den Möglichkeiten rechts.

Strack Camping
Wattgasse 128
1160 Wien

2.10.2001

Altmeier & Co Wien
Herrn Zinner
Forststraße 112
70193 Stuttgart

Sehr geehrter Herr Zinner,

(1) _____ vom 13.9.

(2) _____ :

Art.-Nr.	Bezeichnung	Menge	Stückpreis
521	Schlafsack "Parka" Regular	100	€ 250
522	Schlafsack "Parka" Large	25	€ 280
			€ 32.000
	(3) _____ 5% Rabatt		€ 1.600
	GESAMTBESTELLWERT		€ 30.400

Preis: (4) _____ ausschließlich MwSt., einschließlich Verpackung

Zahlungsbedingungen: (5) _____ . (6) _____ innerhalb von 14 Tagen gewähren Sie ein Skonto von 2%.

Lieferbedingungen: (7) _____, Lieferzeit 2 Wochen nach Auftragseingang

(8) _____

(9) _____

(10) _____

Agnes Reitmeier

Agnes Reitmeier

1 a) wir bedanken uns für Ihren Auftrag
   b) wir bitten um ein Angebot
   c) wir danken Ihnen für Ihr Angebot

2 a) Wir stellen her
   b) Wir bestellen
   c) Wir stellen

3 a) zuzüglich
   b) einschließlich
   c) abzüglich

4 a) Die Preise verstehen sich
   b) Der Preis beträgt
   c) Die Bezahlung erfolgt

5 a) 30 Tage brutto
   b) 30 Tage netto
   c) 30 Tage bar

6 a) Bei Zahlung
   b) Mit Zahlung
   c) Bei Rechnung

7 a) Liefern vom Werk
   b) Geliefert ab Werk
   c) Lieferung ab Werk

8 a) Wir bitten um umgehende
       Auftragsbestätigung
   b) Wir möchten eine Bestätigung
   c) Wir bitten um umgehende
       Bestellung

9 a) Wir danken Ihnen für Ihre Hilfe
   b) Wir hoffen auf baldige Antwort
   c) Wir freuen uns auf weitere
       Zusammenarbeit

10 a) MwSt.
   b) i.A.
   c) m.f.g.

B   Wortbildung

Wie kann man diese Sätze anders sagen? Benutzen Sie Substantive, z.B.:

Wir **liefern** in vier Wochen.
Die *Lieferung erfolgt* in vier Wochen.

1 Ich möchte mich über Ihre Geschäftsbedingungen **informieren**.

   Ich möchte einige _____ über Ihre Geschäftsbedingungen.

2 Wenn Sie **bar bezahlen**, bekommen Sie ein Skonto von 2%.

   Bei _____ bekommen Sie ein Skonto von 2%.

3 Wenn Sie die Menge **erhöhen**, können wir Ihnen einen Rabatt gewähren.

   Bei _____ können wir Ihnen einen Rabatt gewähren.

4 Wir haben uns noch nicht **entschieden**.

   Wir haben noch keine _____ getroffen.

5 Die Verkaufsleiterin, Frau Peters, hat mich **angerufen**.

   Ich habe _____

A Dialog: Eine verspätete Lieferung

Frau Winter von der Firma Sandmann erkundigt sich bei einem Speditionsunternehmen, warum ihre Lieferung verspätet beim Empfänger angekommen ist. Schreiben Sie die Fragen zu den Antworten.

A: Guten Tag, hier Winter, Firma Sandmann.

B: Guten Tag Frau Winter, (1) _____ ?

A: Es handelt sich um eine verspätete Lieferung. Ich habe eine Beschwerde von einem Kunden bekommen.

B: Aha. (2) _____ ?

A: Werner Müller. Die Adresse ist Wilhelm-Straße 14, Saarbrücken.

B: (3) _____ ?

A: Die Ware sollte am 3. Mai geliefert werden, aber der Kunde hat die Ware erst am 6. Mai erhalten.

B: (4) _____ ?

A: 25 Pappkartons.

B: Ich werde mich erkundigen, Frau Winter.

A: Bitte rufen Sie mich so schnell wie möglich zurück, der Kunde wartet auf eine Erklärung.

B Passiv Imperfekt

Was wurde wann und von wem gemacht? Ordnen Sie zu.

1 Der Eiffel-Turm wurde

2 Das Telefon wurde

3 Die Vereinten Nationen wurden

4 Die Wirkung von Penizillin wurde

5 Der Südpol wurde

6 Die Fußball Weltmeisterschaft wurde

7 J. F. Kennedy wurde

8 Johann Wolfgang von Goethe wurde

9 Der erste Vierzylinder-Reihenviertaktmotor wurde

10 Die Berliner Mauer wurde

a) 1963 ermordet.

b) zum ersten Mal 1931 in Uruguay durchgeführt.

c) von Amundsen 1911 erreicht.

d) für die Weltausstellung 1889 gebaut.

e) 1749 in Frankfurt geboren.

f) 1989 geöffnet.

g) von Wilhelm Maybach konstruiert.

h) von Alexander Bell erfunden.

i) 1928 von Alexander Fleming entdeckt.

j) 1945 gegründet.

A Beschwerden und Reklamationen

1 Lesen Sie beide Briefe und beantworten Sie die Fragen.

1 Warum beschwert sich der Kunde?
2 Welche Regelung verlangt er?

2 Unterstreichen Sie die Ausdrücke, die Sie in einer Reklamation benutzen könnten.

Sehr geehrte Herren,

Sie haben neulich eine Klimaanlage in unserem Werk installiert. Leider müssen wir Ihnen mitteilen, dass der Auftrag nicht zu unserer Zufriedenheit ausgeführt wurde. Die automatische Temperaturregelung scheint nicht zufriedenstellend zu funktionieren.

Wir wären Ihnen dankbar, wenn Sie uns so schnell wie möglich einen Service-Techniker schicken, um das Problem zu untersuchen.

Mit freundlichen Grüßen

Sehr geehrte Frau Lang,

wir bestätigen das Eintreffen unserer Bestellung Nr. 703/b vom 8.8.2001.

Leider müssen wir Ihnen mitteilen, dass die Ware bei uns in schlechtem Zustand eintraf. Die Verpackung ist so mangelhaft, dass die Oberfläche der Möbel teilweise stark zerkratzt ist.

Wir schicken die beschädigten Posten auf Ihre Kosten zurück und erwarten umgehend eine Ersatzlieferung.

Außerdem haben Sie uns nicht den vereinbarten Rabatt von 5% berechnet. Wir möchten Sie bitten, eine neue Rechnung entsprechend der Vereinbarung auszustellen.

Mit freundlichen Grüßen

B Einen Brief schreiben

Schreiben Sie einen ähnlichen Brief.

- Sie haben 100 Rucksäcke gemäß Ihrer Bestellung vom ... erhalten.

- Die Qualität der gelieferten Ware entspricht nicht den üblichen Anforderungen.
  (Die Tragriemen sind nicht stark genug.)

- Sie lehnen die Annahme der Lieferung ab und fordern die Stornierung der Rechnung.

Erweitern Sie Ihren Wortschatz!

Die folgenden Übungen sollen Ihnen helfen, die Wörter aus **KAPITEL 9** zu wiederholen und Ihren Wortschatz zu erweitern.

A   Zahlungsbedingungen

Setzen Sie das richtige Wort ein.

1 Die im Katalog genannten Preise sind _____

   a) unverbunden   b) unvergleichlich   c) unverbindlich   d) unvereinbar

2 Die Preise verstehen sich ohne _____

   a) Gewinnsteuer   b) Einkommensteuer   c) Körperschaftssteuer   d) Mehrwertsteuer

3 Sie können durch _____ zahlen.

   a) Bankgebühr   b) Bankkonto   c) Banküberweisung   d) Bankkredit

4 Bei prompter Zahlung gewähren wir ein _____ von 3%.

   a) Rabatt   b) Diskont   c) Kredit   d) Skonto

5 Die Rechnung ist am Monatsende _____

   a) fällig   b) falls   c) Fälligkeit   d) folglich

6 Können wir in unserer _____ bezahlen?

   a) Wechsel   b) Währung   c) Wahrung   d) Wahrheit

7 Der _____ ist im Moment für uns sehr günstig.

   a) Kredit   b) Wechsel   c) Wechselkurs   d) Tausch

B   Zahlungsformen

1 Welche Definition passt zu welchem Wort? Was bedeuten die Wörter in Ihrer Sprache?

1 Zahlung in Form von Münzen oder Geldscheinen	a) Verrechnungsscheck
2 Transfer von einem Bankkonto auf ein anderes	b) Dauerauftrag
3 Zahlung auf Kredit; die Rechnung wird später bezahlt.	c) Barzahlung
4 Ein Scheck, für den man bei der Bank kein Bargeld, sondern Geld auf sein Konto bekommt.	d) Zahlung mit Kreditkarte
5 Der Auftrag eines Kunden an seine Bank, regelmäßig Geldbeträge auf ein anderes Konto zu überweisen.	e) Banküberweisung

2 Wie kann man diese Rechnungen bezahlen? Benutzen Sie Wörter aus Übung B1.

1 eine Tasse Kaffee   _____

2 die Wohnungsmiete   _____

3 eine Bestellung der Firma   _____

4 eine Taxirechnung   _____

5 ein Fernsehapparat   _____

C Präpositionen

Setzen Sie die richtigen Präpositionen ein.

A: Guten Tag, Herr Kurz, ich rufe an (1) _____ unseres Angebots. Haben Sie sich schon entschieden?

B: Im Prinzip sind wir (2) _____ Ihrem Produkt sehr interessiert, Herr Rauch. In Bezug (3) _____ die Qualität sind wir ganz zufrieden. Aber wir müssen noch etwas (4) _____ den Preis verhandeln. Sie haben uns einen Rabatt (5) _____ 2,5% (6) _____ einer Menge (7) _____ 5.000 Stück genannt. Wir haben aber (8) _____ mindestens 5% gedacht.

A: Das ist leider ausgeschlossen, Herr Kurz, 5.000 Stück ist ja nur die Mindestabnahmemenge. Wenn Sie die Menge erhöhen, könnten wir eventuell (9) _____ 5% reden.

B: Nun gut, einigen wir uns (10) _____ 5% und wir verdoppeln die Menge.

A: Ja, das kann ich Ihnen zusagen.

D Leseverstehen

1 Lesen Sie den Werbetext über Spielzeug aus Kunststoff. Welche Aussagen sind richtig oder falsch?

1 Spielen ist wichtig für die Entwicklung des Kindes.
2 Spielzeug aus Kunststoff ist sicherer.
3 Kunststoffspielzeug ist farbfest und hygienisch.
4 Es hat eine kurze Lebensdauer.
5 Kunststoffe kann man nicht recyceln.

Kunststoff. Wir stellen uns der Zukunft.

Kinder müssen spielen. Im Spiel lernen Sie ihre Umwelt zu begreifen und Erfahrungen zu machen, indem sie probieren, kombinieren und Regeln von sich aus entdecken. Deshalb brauchen Kinder Spielzeug, das ihnen keine Regeln vorgibt, ihre Phantasie entfaltet und dabei stabil, hygienisch und sicher ist.

Kunststoffspielzeug. Bewährt im Härtetest.

Spielzeug aus Kunststoff ist leicht, weich und flexibel. Damit passt es sich den Bedürfnissen von Kindern an und senkt das Verletzungsrisiko.

Kunststoff ist bunt, weil Kinder Farbe lieben. Und damit sie bleibt, wo sie hingehört, nämlich am Spielzeug, wird die Farbe ins Material eingearbeitet. So kann sie weder abspringen noch abfärben. Zusätzlich ist Kunststoff gut von Bakterien und Pilzen freizuhalten, eine Grundvoraussetzung bei Spielzeug für Babys und Kleinkinder.

All diese Anforderungen erfüllt Kunststoff, bewährt in langen Härtetests, durchgeführt in Zusammenarbeit mit Medizinern und Pädagogen. Solch gutes Spielzeug überdauert Generationen. Aber auch kurzlebigere Produkte aus Kunststoff müssen in Zukunft nicht mehr auf dem Müll landen.

Kunststoffe. Zum Wegwerfen zu schade.

Kunststoffe werden zunehmend wieder verwertet. Die dafür notwendigen Recyclinganlagen sind zum Teil schon vorhanden oder werden mit hoher Priorität entwickelt und ausgebaut. Anlagen zur chemischen Verwertung sollen künftig den Rohstoffkreislauf schließen.

Wenn Sie mehr über Kunststoff wissen möchten, schreiben Sie uns. Die Deutsche Kunststoff Industrie, Kennwort: Spielzeug, Karlstraße 21, 60329 Frankfurt am Main.
Wir schicken Ihnen gerne und kostenlos weitere Informationen.

2 Entscheiden Sie, welche der neuen Wörter für Sie wichtig sind und schreiben Sie sie auf (s. Arbeitsheft S. 17/18).

GRAMMATIK

A Das Imperfekt

Lesen Sie den Auszug aus dem Geschäftsbericht der Firma *Elektrika* und setzen Sie die Imperfektformen der Verben ein.

Die internationale Wirtschaftslage besserte sich zwar im Berichtsjahr, aber in der Elektroindustrie (1) _____ (sein) die Rezession noch zu spüren. Unser Umsatz (2) _____ (fallen) um 2% auf 670 Mio. Euro.

Der Rückgang (3) _____ (kommen) hauptsächlich aus dem Inlandgeschäft, der Umsatz aus dem Auslandgeschäft (4) _____ (erreichen) wie im Vorjahr 235 Mio. Euro. Die Lieferungen an die Entwicklungsländer (5) _____ (gehen) zwar zurück, aber wir (6) _____ (können) den Umsatz in den europäischen Ländern steigern.

Die Entwicklung in den einzelnen Unternehmensbereichen hat sich stärker differenziert. Im Bereich Datentechnik z.B. (7) _____ (steigen) der Umsatz erheblich. Im Bereich Installationserzeugnisse (8) _____ (müssen) wir als Folge der schwächeren Nachfrage leider 120 Mitarbeiter entlassen.

Zusammenfassend kann man sagen, dass das Unternehmen trotz der Rezession seine Marktposition behauptet hat.

`8`

B Das Passiv

Frau Doliwa führt einen Besucher durch die Firma und erklärt ihm, was in den einzelnen Abteilungen gemacht wird. Setzen Sie die Verben aus dem Kasten im Passiv ein. (2 Punkte pro richtiger Antwort.)

| einkaufen anfertigen planen liefern führen |

Also hier ist die Buchhaltung, da (1) _____ die Konten _____ . Dort drüben ist die Einkaufsabteilung, dort (2) _____ das Material für die Fertigung _____ . Und hier ist die Arbeitsvorbereitung, da (3) _____ die Produktion für die kommenden Wochen _____ . So, und jetzt gehen wir in die Fertigungshalle, da können Sie sehen, wie die Produkte (4) _____ _____ . Diese Maschine hier ist ganz neu, die (5) _____ erst letzte Woche _____ .

`10`

C Konstruktionen mit dem Infinitiv

Schreiben Sie Infinitivsätze mit *zu*, ohne *zu* oder mit *um zu*.

1 (bald von Ihnen hören)

Wir hoffen(,) _____

2 (einen Termin vereinbaren)

Ich rufe Sie an(,) _____

3 (an der Messe teilnehmen)

Wir planen(,) _____

4 (an der Messe beteiligen)

Wir sollten uns _____

5 (den Markt testen)

Wir stellen hier aus(,) _____

`5`

SPRECHINTENTIONEN

D Geschäftsbedingungen besprechen

Schreiben Sie die Fragen zu diesen Antworten.

1 **A:** _____ ?

    B: Ja, ich interessiere mich für Ihre City-Fahrräder.

2 **A:** _____ ?

    B: Ja, besonders an diesem Modell hier.

3 **A:** _____ ?

    B: Der Katalogpreis ist 550 Euro.

4 **A:** _____ ?

    B: Das kommt auf die Stückzahl an.

5 **A:** _____ ?

    B: Normalerweise innerhalb drei Wochen.

6 **A:** _____ ?

    B: 30 Tage nach Rechnungsdatum.

WORTSCHATZ

E Produktspezifikationen

Lesen Sie die Produktspezifikation für einen Rucksack und setzen Sie die fehlenden Wörter ein.

> **Rucksack "Wandervogel"**
>
> (1) _____ : Höhe: 55 cm
>
>   (2) _____ : 35 cm
>
>   Tiefe: 20 cm
>
> (3) _____ : ca. 35 l
>
> (4) _____ : 125 g
>
> (5) _____ : wasserdichte Kunstfaser
>
> (6) _____ : grün / schwarz / blau
>
> (7) _____ : integriertes Tragegestell, verstellbarer Brustgurt, abnehmbarer Bauchgurt

F Ein Geschäftsbrief

Lesen Sie den Brief und setzen Sie die fehlenden Wörter oder Ausdrücke ein.

> (1) _____ Herr Müller,
>
> wir (2) _____ Ihnen für Ihr (3) _____ an unseren Produkten.
>
> In der (4) _____ übersenden wir Ihnen unsere illustrierte (5) _____ und unsere aktuelle (6) _____ .
>
> Wir senden Ihnen gerne ein individuelles (7) _____ .
>
> (8) _____
>
> **Herbert Schuster**
> Herbert Schuster
> Vertrieb und Marketing

10 Ich möchte in Deutschland arbeiten

A Das Futur

Lesen Sie die Tabelle unten und schreiben Sie Sätze im Futur, z.B.:

Im Jahr 2005 werden weniger Leute in der Landwirtschaft arbeiten.

Erwerbstätige nach Wirtschaftsbereichen
(Anteile in Prozent aller Erwerbstätigen)

Sektor	1995	2000	2005
Land- und Forstwirtschaft	3,1	2,7	2,5
Energie- u. Wasserversorgung, Bergbau	1,5	1,4	1,3
Verarbeitendes Gewerbe	28,9	27,6	26,5
Baugewerbe	6,5	6,2	6,0
Handel	12,0	11,7	11,5
Verkehr u. Nachrichtenübermittlung	5,3	5,3	5,3
Kreditinstitute, Versicherungsgewerbe	3,2	3,1	3,1
Sonstige Dienstleistungsunternehmen	26,6	28,4	29,8
Organisationen ohne Erwerbszweck, private Haushalte	3,0	3,2	3,3
Gebietskörperschaften, Sozialversicherung	9,9	10,4	10,8
Insgesamt	100	100	100

Basisdaten: Institut für Arbeitsmarkt- und Berufsforschung, IAB/Prognos-Projektion

Tabelle aus: Berufswelt 2000, Köln

1 Weniger Leute/Baugewerbe/arbeiten

_____

2 Zahl der Arbeitnehmer im Handel/etwas fallen

_____

3 Beschäftigungszahl/Verkehrssektor/gleich bleiben

_____

4 Dienstleistungssektor/am stärksten/wachsen

_____

B Wortbildung

Welche von den Wörtern im Kasten kann man mit dem Wort *Arbeit(s)* verbinden?
Setzen Sie die passenden Wörter in die Sätze unten ein.

Platz	Bewerbung	Bedingungen	Vermittlung	Ausbildung
Markt	Zeiten	Beruf	Erfahrung	Amt

1 Wenn Sie einen (1) _____ suchen, gehen Sie am besten zum
(2) _____, dort können Sie sich über die Situation auf dem
(3) _____ informieren.

2 Die Zentralstelle für (4) _____ ist in Frankfurt am Main.

3 Was die (5) _____ betrifft (Löhne und (6) _____),
steht Deutschland europaweit mit an der Spitze.

4 Mit praktischer (7) _____ finden Sie als Akademiker leichter eine Stelle.

A   Schultypen

Welchen Schultyp beschreiben diese Definitionen? Setzen Sie Namen richtig ein.

die Berufsschule die Grundschule die Hauptschule die Gesamtschule das Gymnasium die Realschule

1 _____ besuchen alle Kinder für vier Jahre.

2 _____ schließt mit der mittleren Reife ab und bereitet besonders auf wirtschaftliche und technische Berufe vor.

3 _____ dauert fünf oder sechs Jahre und bereitet auf praktische Berufe vor.

4 _____ vereinigt drei verschiedene Schultypen.

5 _____ besuchen Lehrlinge neben der normalen Berufsausbildung.

6 _____ führt zum Abitur und ist die Voraussetzung für ein Studium an einer Hochschule.

B   Ein Stundenplan

Lesen Sie den Stundenplan. Welchen Schultyp besucht Georg Schreiner?

STUNDENPLAN	Georg Schreiner, Klasse 9b			
Zeit	**Montag**	**Dienstag**	**Mittwoch**	**Donnerstag**	**Freitag**
7.45-8.30	Deutsch	Latein	Englisch	Mathematik	Latein
8.35-9.20	Deutsch	Deutsch	Mathematik	Französisch	Latein
9.25-10.10	Mathematik	Englisch	Chemie	Deutsch	Englisch
PAUSE					
10.30-11.15	Physik	Französisch	Biologie	Englisch	Physik
11.20-12.05	Französisch	Musik	Geschichte	Kunst	Biologie
12.10-12.55	Religion		Religion	Kunst	Mathematik
15.00-16.30		Sport			

C   Ein Vergleich

1 Lesen Sie die Sätze über das deutsche Bildungswesen und kreuzen Sie an, was in Ihrem Land gleich wie oder anders als in Deutschland ist.

	gleich	**anders**
1 Die meisten Schulen fangen um 7.45 bzw. 8.00 Uhr an.	❏	❏
2 Die Schule endet zu Mittag, am Nachmittag gibt es nur Sport oder Freifächer.	❏	❏
3 Die Schüler essen nicht in der Schule zu Mittag.	❏	❏
4 Es gibt sechs Noten (Note 1 ist die beste).	❏	❏
5 Wenn die Noten nicht ausreichend sind, muss der Schüler die Klasse wiederholen.	❏	❏
6 Das Abitur ist die Voraussetzung für ein Hochschulstudium.	❏	❏
7 Ein durchschnittliches Hochschulstudium dauert 10 bis 12 Semester.	❏	❏
8 Schüler, die mit 15 oder 16 Jahren die Schule verlassen, müssen bis 18 an ein bis zwei Tagen pro Woche eine Berufsschule besuchen.	❏	❏
9 Eine berufliche Ausbildung ist für Jugendliche nur in staatlich anerkannten Ausbildungsberufen zugelassen.	❏	❏
10 Die Ausbildung schließt mit einer Prüfung ab.	❏	❏

2 Schreiben Sie Sätze zu den Punkten, die anders sind, z.B.:
Bei uns fängt die Schule erst um 9.00 Uhr an.

A Berufe

Kreuzen Sie an. In welchem Beruf ...

1 verdient man am meisten?
   a) Kellner   b) Krankenschwester   c) Steuerberater

2 gibt es Schichtdienst?
   a) Sachbearbeiter   b) Polizist   c) Unternehmensberater

3 muss man schwer körperlich arbeiten?
   a) Bauingenieur   b) Bankkaufmann   c) Maurer

4 muss man akademische Qualifikationen haben?
   a) Rechtsanwalt   b) Lackierer   c) Lagerist

5 braucht man Fremdsprachenkenntnisse?
   a) Chemiker   b) Frisör   c) Hotelfachfrau

6 muss man Verhandlungsgeschick haben?
   a) Verkäufer   b) Buchhalter   c) Industriemechaniker

7 muss man kreativ sein?
   a) Elektriker   b) Architekt   c) Lokführer

8 muss man analytische Fähigkeiten haben?
   a) Verpackungshelfer   b) Verkaufsleiter   c) Koch

B Welche Fähigkeiten brauchen Sie in Ihrem Beruf?

Vervollständigen Sie die Liste unten mit Verben aus dem Kasten. Kreuzen Sie drei Fähigkeiten an, die für Sie in Ihrem (künftigen) Beruf besonders wichtig sind.

zusammenarbeiten   beurteilen   treffen   arbeiten   überzeugen
finden   umgehen   denken   erkennen   tragen

○ Eigeninitiative entwickeln
○ Planen und organisieren
○ Logisch (1) _____
○ Mit anderen im Team (2) _____
○ Mit Kritik (3) _____ können
○ Entscheidungen (4) _____
○ Verantwortung (5) _____
○ Andere Menschen (6) _____
○ Ergebnisse (7) _____
○ Handwerklich arbeiten können
○ Probleme (8) _____, Lösungen (9) _____
○ Selbstständig (10) _____

Ein Personalbogen

Wenn Sie sich um eine Stelle bewerben, müssen Sie eventuell einen Personalbogen ausfüllen.
Lesen Sie den Personalbogen unten. Zu einigen Punkten gibt es Erklärungen auf S. 88.
Dann füllen Sie den Bogen mit Ihren Angaben aus.

PERSONALBOGEN

Personalien

Name: _____ Vorname: _____

Geburtsname: _____ Familienstand: _____

Geburtsdatum: _____ Geburtsort: _____

Staatsangehörigkeit: _____ Konfession: _____

Wohnsitz: _____ Postleitzahl: _____ Telefon: _____

Straße: _____ Nummer: _____ bei: _____

Unterhaltsberechtigte Kinder:

	Vorname	Geburtsdatum		Vorname	Geburtsdatum
1			4		
2			5		
3			6		

Bei minderjährigen Bewerbern Anschrift des gesetzl. Vertreters:

Zu- u. Vorname: _____ Wohnsitz: _____

Postleitzahl: _____ Straße: _____ Nummer: _____

Waren Sie schon früher in unserer Unternehmensgruppe beschäftigt? ja/nein* von – bis: _____

In welchem Unternehmen/Hauptbetrieb? _____ als: _____

Gesundheitszustand

Sind Sie körperbehindert oder körperbeschädigt? ja/nein*

Art der Behinderung oder Beschädigung: _____

Schwerere oder chronische Erkrankungen innerhalb der letzten zwei Jahre? ja/nein
(Diese Frage kann auch nach der Erläuterung der Arbeitsbedingungen mündlich beantwortet werden.)
Art: _____ Dauer: _____

Ausbildung

von – bis	Schule	Ort	Abschluss

* Nichtzutreffendes streichen

Berufstätigkeit nach der Ausbildung

(Lückenlose Angaben erforderlich; mindestens über die 3 letzten Jahre bzw. Arbeitgeber - bitte Zeugniskopien beifügen.)

von – bis	Firma, Branche	Art der Tätigkeit

Sonstiges

Stehen Sie noch in einem Arbeitsverhältnis?   ja/nein*

Kündigungsfrist: Frühester Eintrittstermin:

Erhaltener Urlaub für das laufende Jahr: Tage

Letzter Bruttoverdienst: Stunde/Monat*

Sonstige Leistungen des Arbeitgebers? Art: monatlich/jährlich*

Verdienstvorstellung brutto: Stunde/Monat*

Welcher Krankenkasse gehören sie an?   Ort:

Beziehen Sie eine Rente: ja/nein*

Art der Rente:

Haben Sie Ihren Wehrdienst bzw. wehrbefreienden Dienst abgeleistet?   ja/nein*

Besitzen Sie einen gültigen Führerschein?   ja/nein*   Klasse:

Auf welches Konto kann Ihr Verdienst überwiesen werden?   Nummer:

Institut: Postleitzahl, Ort: BLZ

Kontoinhaber:

Einsatzmöglichkeiten bei Teilzeitbeschäftigten:

Auf Abruf?   ja/nein*   Nach Vereinbarung am:

Tag	Montag	Dienstag	Mittwoch	Donnerstag	Freitag	Samstag	Gesamt-Stunden
von							
bis							

Stehen Sie in einem weiteren Arbeitsverhältnis, welches beibehalten werden soll? ja/nein*   Steuerpflichtig? ja/nein*

*Nichtzutreffendes streichen

Ich versichere, dass die Angaben nach bestem Wissen und Gewissen gemacht wurden.

         Ort, Datum   Unterschrift des Bewerbers

Erklärungen

Krankenkasse: Die Krankenkassen sind die gesetzlichen Krankenversicherungsanstalten. Es gibt mehr als eine Krankenkasse in Deutschland und es hängt von Ihrem Beruf ab, welcher Krankenkasse Sie angehören.

Wehrdienst: In Deutschland gibt es kein Berufsheer, deshalb müssen alle männlichen Bundesbürger einen Wehrdienst von zehn Monaten absolvieren. Statt des Wehrdienstes kann man 15 Monate Zivildienst machen, d.h. Dienst im Krankenhaus, Altersheim usw.

BLZ = Bankleitzahl

Erweitern Sie Ihren Wortschatz!

Die folgenden Übungen sollen Ihnen helfen, die Wörter aus **KAPITEL 10** zu wiederholen und Ihren Wortschatz zu erweitern.

A   Berufsperspektive Europa

Im folgenden Text wurden sieben falsche Wörter benutzt. Schreiben Sie die richtigen Wörter auf.

Im Prinzip kann sich jeder Bürger der EU in einem anderen Mitgliedsland Arbeit (1) <u>brauchen</u>. Wenn man sich um eine Stelle im Ausland (2) <u>bemerkt</u>, ist eine gute (3) <u>Zeugnis</u> der Landessprache meistens eine Voraussetzung. Relativ große (4) <u>Anfrage</u> besteht in allen Ländern auf dem (5) <u>Verkehrs</u>sektor, z.B. im Bereich Pflegepersonal, Touristik und Gastgewerbe. Als Folge der Arbeitslosigkeit herrscht jedoch in vielen Ländern harte (6) <u>Kompetenz</u> um die Arbeitsplätze. Ein guter (7) Ausbildungs<u>schluss</u> ist bei jeder Bewerbung wichtig.

B   Ein ungewöhnlicher Karriereweg

Der ehemalige deutsche Arbeitsminister Norbert Blüm begann seine Karriere als Werkzeugmacher. Lesen Sie den Text und setzen Sie die Imperfektformen der Verben ein.

Der Weg des jungen Norbert (1) _____ (scheinen) vorgezeichnet. Nach der Volksschule (2) _____ (machen) der 14jährige eine Lehre als Werkzeugmacher bei Opel-Rüsselsheim. Anschließend (3) _____ (reisen) er durch Europa und (4) _____ (arbeiten) als Bauarbeiter in Griechenland und bei einem Kunstschmied in der Türkei.

Doch dann (5) _____ (wollen) der junge Arbeiter höher hinaus, aus dem Werkzeugmacher (6) _____ (werden)

ein Doktor der Philosophie. Der Rest ist bekannt. Norbert Blüm, (7) _____ (bringen) es zum dienstältesten Arbeitsminister der Bundesrepublik.

Dieser Karriereweg – vom Industrielehrling zur Spitzenstellung – ist in der Wirtschaft selten. Unter 300 Topmanagern (8) _____ (können) Unternehmensberater Heinz Evers schon vor Jahren nur eine Handvoll ausfindig machen, die den Weg in eine solche Position über eine technische Lehre gemacht hatten.

C   Was die Unternehmen heute von Hochschulabsolventen erwarten

In Deutschland steigt die Zahl der Abiturienten ständig an und immer mehr Schulabgänger entscheiden sich für ein Studium. Zur Zeit liegt die Zahl jobsuchender Hochschulabsolventen bei einer Viertelmillion pro Jahr. Hochwertige Arbeitsplätze entstehen aber lange nicht in demselben Tempo. Eine große Konkurrenz um rare Jobs ist die Folge. Um ihre beruflichen Chancen zu verbessern, müssen die Absolventen neben Papierqualifikationen auch andere Fähigkeiten und Fertigkeiten mitbringen.

Bewerten Sie folgende Fähigkeiten und Qualifikationen auf einer Skala von 1 (= sehr wichtig) bis 10 (= nicht sehr wichtig). Dann vergleichen Sie Ihre Bewertung mit den Ergebnissen einer Umfrage bei 258 deutschen Unternehmen (s. Lösungsschlüssel S. 96).

DER WUNSCHKANDIDAT

- ❏ Fremdsprachenkenntnisse
- ❏ Doktorprüfung
- ❏ Eigeninitiative
- ❏ Studium im Ausland
- ❏ Allgemeinbildung
- ❏ Leistungsbereitschaft
- ❏ Ausländischer Hochschulabschluss
- ❏ Büroqualifikationen
- ❏ Teamfähigkeit
- ❏ praktische Berufserfahrung

Test 5 (Kapitel 1 – 10)

A   Einen Besucher empfangen (Kapitel 1)

Herr Schmidt besucht Ihre Firma zum ersten Mal. Schreiben Sie einen Dialog, der ungefähr diesem Schema folgt:

> begrüßen Sie Herrn Schmidt im Empfang; stellen Sie sich vor; führen Sie ihn in Ihr Büro/in das Büro Ihres Chefs/Ihrer Chefin; bieten Sie ihm eine Erfrischung an; stellen Sie einige Fragen über die Reise, das Wetter in Deutschland usw.

B   Firmenprofil (Kapitel 2)

Schreiben Sie eine Präsentation über Ihre Firma/eine Firma, die Sie kennen, zu diesen Punkten:

> Branche; Produkte; Standorte; Größe des Unternehmens (Umsatz, Mitarbeiterzahl)

C   Geschäftsessen (Kapitel 3)

Sie haben einen Deutsch sprechenden Geschäftsfreund in ein Restaurant eingeladen. Schreiben Sie eine Liste von Fragen, die Sie stellen könnten, um ein Gespräch zu führen. Mögliche Themen:

> Wohnort; Wohnung/Haus; Familie; Interessen/Hobbys; Urlaub

D   Firmenorganisation und Verantwortungsbereiche (Kapitel 4)

1 Beschreiben Sie die interne Organisation Ihrer Firma/einer Firma, die Sie kennen, unter den folgenden Stichwörtern. Zeichnen Sie eventuell ein Organigramm.

> Geschäftsführung; Hauptbereiche; Abteilungen/Leiter(innen)

2 Stellen Sie sich und zwei Kollegen/Kolleginnen einem Firmenbesucher vor und beschreiben Sie kurz, wofür Sie bzw. Ihre Kollegen verantwortlich sind.

E   Telefongespräche und Termine (Kapitel 5 und 6)

1 Rufen Sie einen Geschäftspartner an und vereinbaren Sie einen passenden Termin für die folgende Woche.

2 Rufen Sie wieder an und erklären Sie der Sekretärin Ihres Geschäftspartners, dass Sie den vereinbarten Termin leider nicht einhalten können. Bitten Sie um einen Rückruf, um einen neuen Termin zu vereinbaren.

F   Richtungsanweisungen (Kapitel 7)

Erklären Sie einem Firmenbesucher per Fax, wie er Ihre Firma vom nächsten Flughafen erreichen kann: a) mit öffentlichen Verkehrsmitteln,   b) mit dem Auto.

G   Produktpräsentation (Kapitel 8)

Wählen Sie ein Produkt Ihrer Firma/einer Firma, die Sie kennen und bereiten Sie eine Produktpräsentation vor, die zumindest einige von diesen Punkten enthält:

> wofür ist das Produkt geeignet; Spezifikationen/technische Daten; Besonderheiten/Eigenschaften

H   Geschäftsbedingungen (Kapitel 9)

Ein potenzieller Kunde, der sich für Ihr Produkt interessiert, ruft Sie an und möchte Einzelheiten über Ihre Geschäftsbedingungen wissen. Schreiben Sie einen Dialog, der zumindest einige von diesen Punkten enthält:

> Preise; Mindestabnahmemenge; Rabatt; Zahlungsbedingungen; Lieferbedingungen; Lieferzeit

I   Ihr Lebenslauf (Kapitel 10)

Wie würden Sie diese Fragen in einem Vorstellungsgespräch beantworten? Schreiben Sie Sätze.

> Was für eine Ausbildung haben Sie?   Welche Berufserfahrung haben Sie?
> Welche besonderen Fertigkeiten und Fähigkeiten haben Sie?

Lösungsschlüssel zu den Übungen

KAPITEL 1

1.1A
(Musterdialoge)
1 **A:** Entschuldigen Sie, sind Sie Herr/Frau ...
   B: Ja.
   A: Ich bin [*Name*] von der Firma ...
   B: Wie bitte?
   A: [*Name*]
   B: Guten Tag, Herr/Frau ...
   A: Kommen Sie bitte mit.
2 **A:** Guten Tag, Herr/Frau ... Schön, Sie wiederzusehen.
   B: Guten Tag.
   A: Wie gehts?
   B: Danke, gut, und Ihnen?
   A: Danke, gut. So, gehen wir in mein Büro.

1.1B
1 Wie; d)
2 Wie; h)
3 Wo; e)
4 Wann; a)
5 Wie; g)
6 Woher; b)
7 Wie lange; c)
8 Was für; f)

1.1C
1 Haben Sie gut zu uns gefunden?
2 Sind Sie mit dem Hotel zufrieden? / Ist Ihr Hotel gut?
3 Ist es Ihr erster Besuch hier?
4 Gefällt es Ihnen hier?
5 Kommen Sie aus Frankfurt?
6 Wohnen Sie gern dort? / Das ist eine schöne Stadt, nicht wahr?

1.2A
1 einen
2 keinen
3 eine
4 ein
5 einen
6 keinen
7 einen
8 eine
9 keine
10 ein
11 kein

1.2B
1 Könnte ich; e)
2 Könnten Sie; d)
3 Könnten Sie; a)
4 Könnte ich; c)
5 Könnten Sie; b)

1.2C
1 anrufen
2 haben
3 zeigen
4 schicken
5 bringen

1.3A
1 Wie heißt der Produktionsleiter bei (der Firma) Blum?
   Sein Name ist Max Klein.
2 Wo ist der Sitz der Firma?
   Die Firma ist in Hamburg.
3 Was ist die Adresse der Firma?
   Arnestraße 26, 22045 Hamburg
4 Was ist seine/Herrn Kleins Büronummer?
5 Bei welcher Firma arbeitet Frau Schulz?
   Sie arbeitet bei (der Firma) Ernst & Co.
6 Was ist ihre Stellung im Betrieb/in der Firma?
   Sie ist Einkaufsleiterin.
7 Was ist ihre Durchwahlnummer?
8 Was ist ihre Privatnummer?

1.3B
1 Ihr
2 Mein
3 meine
4 Ihren
5 meinen
6 Ihren
7 meine
8 Ihre
9 Meine
10 Ihr
11 mein

1.4A
ÜBUNG 1
1 f)
2 b)
3 h)
4 a)
5 g)
6 c)
7 e)
8 d)

ÜBUNG 2
1 Viertel nach elf
2 zwanzig vor zwei
3 fünf vor halb drei
4 fünf nach halb vier
5 zehn vor sieben

1.4B
1 Draußen steht mein Auto.
2 Den Exportleiter kennen Sie ja schon.
3 Zuerst sehen Sie eine Produktpräsentation.
4 Leider ist Rauchen nicht erlaubt.
5 Das habe ich nicht verstanden.

1.4C
1 statt
2 vor
3 mit
4 teil
5 ab
6 an
7 zu
8 auf

1.4D
1 Möchten Sie an einer Sitzung teilnehmen?
2 Kann ich Sie morgen anrufen?
3 Darf ich das Fenster aufmachen?
4 Darf ich Ihnen meinen Chef vorstellen?
5 Kann er mich vom Flughafen abholen?

1.4E
1 Woher
2 welcher
3 Wie
4 Worüber
5 wer
6 Wann
7 wo

1.5A
1 Der
2 den
3 der
4 den
5 den
6 Der

1.5B
ÜBUNG 1
1 d)
2 f)
3 g)
4 c)
5 b)
6 a)
7 e)

ÜBUNG 2
1 Das Konstruktionsbüro
2 Die Arbeitsvorbereitung
3 Die Buchhaltung
4 Der Versand
5 Der Kundendienst

1.5C
trennbare Verben	nicht trennbare Verben
1 die Ausbildung	1 der Besuch/Besucher
2 die Vorbereitung	2 der Empfang
3 die Anfertigung	3 der Entwurf
4 der Einkauf	4 der Vertrieb
5 der Teilnehmer	5 der Vertreter
	die Vertretung

Lernen Sie Ihr Wörterbuch kennen

A
1 Unternehmen
2 fahren
3 potenziell
4 Gehalt
5 ausbilden

B
1 anfertigen
2 führen
3 vorstellen
4 arbeiten
5 zählen

D
trennbar	nicht trennbar
abholen	verkaufen
anrufen	benutzen
ausliefern	entwickeln
herstellen	empfangen
aufhören	überreichen

E
1 an
2 in
3 auf
4 mit
5 über
6 über

F
1 gekommen
2 gefunden
3 gefahren
4 getrunken
5 geschienen

KAPITEL 2

2.1A
-e: Geräte, Fahrzeuge
-(e)n: Maschinen, Firmen, Abteilungen
¨er: Fahrräder, Wörter, Tonbänder
- : Wagen, Hersteller, Unternehmen
-s: Autos, Videos, Büros

2.1B
ÜBUNG 1
1 das
2 der
3 die

ÜBUNG 2
1 Das ist eine Maschine, die viele technische Neuheiten hat.
2 Das ist ein Wagen, der ein rassiges Image hat.
3 Das ist ein System, das für uns ganz neu ist.

2.1C
1 ein
2 keinen
3 ein
4 eine
5 einen
6 keine
7 einen
8 keinen

2.2A
1 Das ist ein neues Produkt.
2 Das ist eine schöne Stadt.
3 Das ist ein schneller Wagen.
4 Das ist ein neuer Markt für uns.
5 Das ist eine erfolgreiche Firma.

2.2B
1 In welcher
2 im
3 in der
4 im
5 In welchem
6 in der
7 im
8 in den

2.2C
ÜBUNG 1
der Sportwagen
der Stahlhersteller
der Kunststoff
die Energiewirtschaft

ÜBUNG 2
die Versicherungsgesellschaft
die Investitionsgüter
der Dienstleistungssektor
die Unterhaltungselektronik

2.3B
1 stärker
2 höher
3 größer
4 niedriger

2.3C
1 c)
2 b)
3 d)
4 a)

2.4A
Novartis/Pharma/die Schweiz
Wrigley/Nahrungsmittel/Amerika
Olivetti/Computer/Italien
Canon/Büromaschinen/Japan
Voest-Alpine Linz/Stahl/Österreich
Volvo/Kraftfahrzeugbau/Schweden
Philips/Elektrotechnik/Niederlande
ICI/Chemie/Großbritannien

2.4B
1 österreichische
2 schweizerische
3 japanische
4 spanische
5 polnische
6 holländische/ niederländische
7 portugiesische
8 griechische

2.4C

1 In welcher Branche ist die Firma tätig?
2 Was stellt die Firma her?
3 Wo hat die Firma ihren Sitz? / Wo ist der Sitz der Firma?
4 Haben Sie Filialen?
5 Wie viel beträgt Ihr Umsatz? / Wie hoch ist Ihr Umsatz?
6 Wie viele Mitarbeiter beschäftigen Sie/hat die Firma?

2.5A
ÜBUNG 1

1 Eine Textilfirma.
2 Für junge Kunden.
3 Die Exportmärkte aufzubauen, besonders in den osteuropäischen Markt einzusteigen

ÜBUNG 2

<u>Wir sind</u> vor allem daran <u>interessiert</u>, die junge Kundschaft <u>zu erreichen</u>.

<u>Unser Ziel ist</u>, den Kunden ... Qualitätsartikel <u>anzubieten</u>.

Natürlich <u>hoffen wir</u> unseren bisherigen Geschäftserfolg nicht nur <u>zu erhalten</u>, sondern auch <u>zu erweitern</u>.

<u>Wir versuchen</u> insbesondere unsere Exportmärkte <u>aufzubauen</u>.

Nächstes Jahr <u>planen wir</u> intensiv in den osteuropäischen Markt <u>einzusteigen</u>.

<u>Wir beabsichtigen</u> eine Filiale in Osteuropa <u>zu eröffnen</u> ...

2.5B

1 ... zu bauen.
2 ... ein neues Produkt zu entwickeln.
3 ... eine neue Maschine zu kaufen.
4 ... unsere Exportmärkte aufzubauen.

2.5C

1 erfolgreich, führend
2 erstklassig, preiswert
3 sorgfältig, rationell
4 erstklassig, bekannt, umweltgerecht, erfolgreich, preiswert, anwenderfreundlich

C
- **Wortgruppen**
ÜBUNG 1
Zimmer

das Wohnzimmer	die Küche
das Esszimmer	das Schlafzimmer

Möbel

der Sessel	der Tisch
der Schrank	das Bett

Haushaltsgeräte

das Bügeleisen	das Gefriergerät
die Kaffeemaschine	der Wäschetrockner

ÜBUNG 2
Berufe

der Vertreter	die Sekretärin
der Ingenieur	der Mechaniker

Produkte

die Kraftfahrzeuge	die Haushaltsgeräte
die Arzneimittel	die Heimtextilien

Abteilungen

der Vertrieb	der Kundendienst
die Buchhaltung	der Einkauf

- **Wortfelder**

Arbeit: der Drucker
Unterhaltung: der Videorekorder, der Farbfernseher

Saubermachen: der Staubsauger, die Geschirrspülmaschine
fürs Essen: der Herd, das Mikrowellengerät, der Kühlschrank
Heizung und Beleuchtung: die Zentralheizung, die Lampe

- **Wortpartner**

1 Notizen machen/aufschreiben/lesen
2 ein Produkt entwickeln/herstellen/ lagern/liefern
3 die Qualität kontrollieren/verbessern
4 Verspätung haben
5 eine Lösung finden/suchen

- **Wortfamilien**

1 herstellen: der Hersteller, die Herstellung
2 besuchen: der Besuch, der Besucher
3 anbieten: das Angebot
4 produzieren: der Produzent, die Produktion
5 strukturieren: die Struktur, strukturell
6 helfen: die Hilfe, der Helfer, hilfreich

- **Ähnliche Wörter und Synonyme**

1 die Firma: die Gesellschaft/der Betrieb/ das Unternehmen
2 der Hauptsitz: die Zentrale/ die Hauptverwaltung
3 die Fabrik: das Werk/die Produktionsstätte
4 der Mitarbeiter: der Angestellte/ der Beschäftigte
5 produzieren: herstellen/fertigen/ anfertigen/erzeugen
6 ungefähr: etwa/zirka

3.1A

1 hätten		3 Würde		5 Könnten	
2 möchten		4 wäre		6 möchte	

3.1B

1 ein wichtiger Kunde
2 ein passendes Restaurant
3 ein gutes französisches Restaurant
4 Das neue italienische Restaurant
5 Die deutsche Küche
6 eine gute Speisekarte
7 eine nette Atmosphäre

3.1C

1 Können Sie Herrn Klein morgen mit dem Auto vom Flughafen abholen?
2 Diese Woche ist mein Auto in der Werkstatt, / Mein Auto ist diese Woche in der Werkstatt, morgen fahre ich mit dem Bus in die Arbeit. / ich fahre morgen mit dem Bus in die Arbeit.
3 Dann muss er mit dem Taxi zum Büro fahren. / Er muss dann mit dem Taxi zum Büro fahren.

3.2A

1 Pilze. Die anderen sind Obstsorten.
2 Forelle. Die anderen sind Fleischsorten.
3 Brot. Die anderen sind Milchprodukte.
4 Leber. Die anderen sind Fische.
5 Schinken. Die anderen sind Geflügel.
6 rote Grütze. Die anderen sind Beilagen.

3.2B

1 Können Sie mir etwas empfehlen?
2 Scharfe Sachen esse ich nicht gern. / Ich esse nicht gern scharfe Sachen.
3 Ich nehme lieber die Schweinelendchen.
4 Kann ich bitte die Weinkarte haben?
5 Zu trinken hätten wir gerne den Müller-Thurgau. / Wir hätten gerne den Müller-Thurgau zu trinken.
6 Hat es Ihnen geschmeckt?
7 Bitte bringen Sie mir die Rechnung!
8 Zahlen Sie zusammen oder getrennt?

3.3A

1 Pkw-Stellplatz, Garage
2 modern ausgestattet, Kabelanschluss
3 ist schön, keinen Aufzug
4 ist niedrig, der Mietvertrag ist nur für ein Jahr
5 ist ruhig, die Verkehrsverbindungen sind schlecht

3.3B

1 gute		7 gute	
2 zentral		8 ausgezeichnet	
3 kleine		9 schwierig	
4 renovierten		10 kleines	
5 herrlichen		11 billige	
6 alten		12 umweltfreundliche	

3.3C
ÜBUNG 1

1 Franz Möller	8 Elisabeth, 27
2 Eva Kirsch, 80	9 Andreas, 25
3 Petra Strolz, 48	10 Silvia, 14
4 Uwe Möller, 52	11 Reinhard Reiter, 25
5 Peter Reiter	12 Claudia, 19
6 Martina Möller, 47	13 Martin, 3 Monate
7 Herbert Binder	

ÜBUNG 2

1 Großeltern	5 Stiefvater
2 Tante	6 Enkel/Enkelkinder
3 Schwägerin	7 Nichte
4 Mann/Gatte	8 Neffe

3.4A

1 Herr Peters	5 12% niedriger
2 Herr Lang	6 Herr Peters
3 gleich hoch	7 geben ... aus
4 Herr Lang	

3.4B

1 Nächstes Jahr werden wir € 280 000 ausgeben.
2 Im Sommer werden die Preise um 5% steigen.
3 In Zukunft werden mehr Angestellte den Firmenbus benutzen.
4 Im Winter werden wir 10 neue Leute einstellen können.

3.5A

	ge-	
stark		**schwach**
gesehen		geregnet
gestiegen		geglaubt

	-ge-	
stark		**schwach**
angekommen		abgeholt
ausgegeben		hergestellt

	-	
stark		**schwach**
verstanden		diskutiert
gefallen		bestellt

3.5B

1 sind		5 bin		9 hat	
2 hat		6 hat		10 haben	
3 bin		7 habe		11 haben	
4 Haben		8 bin			

3.5C

1 Wohin sind Sie in Urlaub gefahren?
2 Sind Sie geflogen oder mit dem Auto gefahren?
3 Wie lange sind Sie geblieben?
4 Wo haben Sie gewohnt?
5 Hat es geregnet?

3.6A

wurde ... aufgebaut	wurde ... eröffnet
betreut wurde	werden ... verkauft

3.6B

1 ..., weil man dort leicht Leute kennen lernen kann.
2 ..., weil es aufregend ist.
3 ..., weil ich gern einen Mannschaftssport betreibe.
4 ..., weil ich andere Länder und Kulturen interessant finde.
5 ..., weil ich mich für Politik interessiere.

A

Regel 1: Das Verb in einem Hauptsatz steht immer in zweiter Position.
Regel 2: Ein Hauptsatz beginnt nicht immer mit dem Subjekt.
Regel 3: In einem Fragesatz ohne Fragewort steht das Verb in erster Position.
Regel 4: In einem Fragesatz, der mit einem Fragewort beginnt, steht das Verb in zweiter Position.

B

1 Substantiv	7 Partizip
2 unbestimmter Artikel	8 Adjektiv
3 Präposition	9 Modalverb
4 Verb	10 Infinitiv
5 bestimmter Artikel	11 Adverb
6 Konjunktion	

C

ÜBUNG 1

	Fehlerart	Korrektur
1	Verbendung	möchten
2	Wortstellung	war ich
3	Geschlecht	Ihr
4	Partizip	bestellt
5	Präposition	für
6	Geschlecht	eine
7	Komparativform	höher
8	Fragewort	Worüber
9	trennbares Verb	hole ... ab
10	Kasus	den

ÜBUNG 2

Letztes Jahr (1) sind wir (2) nach Italien in Urlaub gefahren. Wir haben in (3) einem kleinen Hotel gewohnt. Das Wetter war nicht so gut, es (4) hat ziemlich oft geregnet. Wenn das Wetter (5) gut war, (6) sind wir an den Strand gegangen. Wir haben viele (7) Ausflüge gemacht und am Abend (8) sind wir immer (9) ausgegangen und erst spät (10) nach Hause gekommen.

KAPITEL 4

4.1B

1 Architekt	6 Entwicklung
2 Buchhaltung	7 Industriekaufmann
3 Geschäftsführer	8 Kundendienst
4 Vertrieb	9 Fertigung
5 Mechaniker	10 Lagerist

4.2A

1 höher	4 gleich
2 weniger, mehr	5 höchsten
3 niedriger, höher	6 niedrigsten

4.2B

1 Schleswig-Holstein
2 kürzeste; Dänemark
3 beliebteste; Fußball
4 höchste; Bild-Zeitung
5 größten; CDU, SPD
6 wichtigste; das Ruhrgebiet
7 bekanntesten; Uhren
8 berühmtesten; Salzburg

4.3A

ÜBUNG 1

1 Die Kantine ist rechts hinter der Verwaltung.
2 Das Lager ist ganz hinten auf der linken Seite.
3 Das Ausbildungszentrum ist rechts neben dem Parkplatz.

ÜBUNG 2

(Musterantworten)

1 Die Verwaltung ist rechts vor der Kantine.
2 Der Prüfraum ist links hinter der Fertigungshalle.
3 Die Kantine ist zwischen der Verwaltung und dem Ausbildungszentrum.
4 Der Parkplatz ist gegenüber dem Eingang.

4.3B

1 **A:** Entschuldigen Sie bitte, wo ist die Personalabteilung?
  B: Gehen Sie in den zweiten Stock, die Personalabteilung ist gleich rechts.
2 **A:** Wo ist bitte das Büro des Geschäftsführers?
  B: Hier die Treppe rauf, den Gang entlang und dann rechts. Die Tür ist auf der linken Seite.
3 **A:** Entschuldigen Sie, wo ist der Sitzungssaal?
  B: Im zweiten Stock. Nehmen Sie die Treppe hier. Oben gehen Sie den Gang entlang bis zum Ende und dann sehen Sie den Sitzungssaal direkt vor sich.

4.4A

1	uns	5	sich
2	sich	6	sich
3	mich	7	mich
4	mich	8	dich

4.4B

1 Wofür sind Sie verantwortlich?
2 Worin besteht Ihre Arbeit?
3 Womit befassen Sie sich?
4 Worüber haben Sie gesprochen?
5 Woran arbeiten Sie?

4.4C

1	bestellen	5	verwalten
2	geben	6	besprechen
3	angeben	7	organisieren
4	einstellen		

4.4D

ÜBUNG 1

immer: jeden Tag, ständig
gewöhnlich: normalerweise, regelmäßig, meistens
oft: häufig
manchmal: ab und zu, hin und wieder
nicht oft: selten, einmal im Jahr

4.5A

1	Schwenkfilter	5	Ein-/Ausschalter
2	Deckel	6	Stecker
3	Glaskanne	7	Steckdose
4	Warmhalteplatte	8	Tassenmarkierung

4.5B

ÜBUNG 1

1	c)	3	e)	5	f)
2	b)	4	a)	6	d)

ÜBUNG 2

2 Dann stellen Sie die Kanne auf die Warmhalteplatte.
3 Danach schwenken Sie den Filter aus und legen (Sie) eine Filtertüte in den Filter.
4 Jetzt füllen Sie Kaffee ein.
5 Dann schwenken Sie den Filter zurück.
6 Zuletzt schalten Sie die Maschine ein.

4.5C

1	b)	3	a)	5	d)
2	e)	4	c)		

4.6A

1	Ihnen	3	ihr	5	ihm
2	mir	4	ihnen	6	uns

4.6B

1 ..., weil man sich die Arbeit selbst einteilen kann.
2 ..., weil ich zu viele Überstunden machen muss.
3 ..., weil sie zu lange dauern und langweilig sind.
4 ..., weil ich lieber mit Leuten als mit Maschinen arbeite.
5 ..., weil man andere Städte und Länder kennen lernt.

4.6C

1	sympathisch	4	zugänglich
2	ehrgeizig	5	gelassen
3	einsatzbereit		

A

1	aus	3	um	5	über
2	mit	4	an		

B

1 Überstunden	4 Gehalt
2 Gleitzeit	5 Feiertag
3 Feierabend	6 Vorschuss

C

1 erledigen	4 empfange
2 machen	5 organisieren
3 führe	

D

Leute: tüchtig, hilfsbereit, aggressiv, rational, sympathisch
Maschinen: rationell, preiswert, teuer, benutzerfreundlich
beide: langsam, zuverlässig, kompliziert

E

10	die Ablage	18	der Locher
5	der Aktenordner	16	der Notizblock
2	der Aktenschrank	14	der Radiergummi
13	der Bleistift	4	das Regal
6	der Computer	8	der Schreibtisch
7	der Drucker	3	die Schublade
17	die Heftklammern	9	der Stuhl
15	die Heftmaschine	11	der Terminkalender
12	der Kuli	1	der Wandkalender

KAPITEL 5

5.1A

ÜBUNG 1

die Vorwahl	die Durchwahl
der Anruf	die Nebenstelle
der Anschluss	das Ausland

ÜBUNG 2

die Telefonkarte	das Telefongespräch
das Telefonnetz	die Telefonauskunft
die Telefonanlage	der Telefonteilnehmer
die Telefonzelle	das Telefonbuch

5.1B

1	Telefonauskunft	4	Telefonzelle
2	Vorwahl	5	Telefonkarte
3	Anschluss		

5.1C

1	1 10	5	0115 01 / (Telekom: 01 15 10)
2	1 18 33	6	0180 54 40 33
3	0 11 41	7	0 11 91
4	0130 0116	8	0 11 68

5.2A

1 Ich möchte Herrn Krause sprechen.
2 ... er ist im Moment nicht an seinem Platz.
3 Wann kann ich ihn erreichen?
4 Kann ich etwas ausrichten?
5 ..., ich muss ihn persönlich sprechen.
6 ..., probieren Sie es in einer halben Stunde wieder.

5.2B

1	nur	3	erst	5	erst
2	erst	4	nur		

5.2C

1 ..., wie der Vertriebsleiter heißt?
2 ..., wann der Einführungskurs anfängt?
3 ..., wie diese Maschine funktioniert?
4 ..., wer diesen Auftrag bearbeitet hat?
5 ..., ob Herr Stern im Versand arbeitet?

5.3A

1	d)	3	e)	5	c)
2	a)	4	b)		

5.3B

1	wegen	6	von	11	vor
2	Mit	7	im	12	Dafür
3	mit	8	um	13	mit
4	für	9	Worum	14	am
5	am	10	zu/wegen		

5.3C

1	Bestätigung	3	Reklamation
2	Bestellung	4	Zahlung

5.4A

1	im	5	auf, in der
2	mit einem	6	an ihrem
3	in einer, mit dem	7	bei der
4	beim		

5.4B

1 Kann ich Herrn Schneider sprechen? / Ich möchte Herrn Schneider sprechen.
2 in einer Besprechung.
3 Kann/Soll ich etwas ausrichten?
4 Könnte er mich zurückrufen?
5 Hat er Ihre Telefonnummer?
6 ich richte es aus. / das richte ich Herrn Schneider aus.

5.4C

Er sagt, dass er morgen in Hamburg ist und dass er Sie gern besuchen möchte. Er möchte, dass Sie ihn zurückrufen, um einen passenden Termin zu vereinbaren. Er ist bis 17.00 Uhr im Büro.

Erweitern Sie Ihren Wortschatz
(KAPITEL 5)

A

ÜBUNG 1

der Anrufer	der Angerufene
1	2
5	3
7	4
10	6
11	8
	9

ÜBUNG 2

1 + 9	3 + 7
2 + 8	5 + 12
2 + 11 + 4	6 + 10

B

1	c)	3	a)	5	b)
2	e)	4	f)	6	d)

C

1 anrufen: der Anruf, der Anrufer
2 wählen: die Wahl, der Wähler
3 sprechen: der Sprecher, die Sprache, das Gespräch
4 beantworten: der Beantworter, der Anrufbeantworter
5 notieren: die Notiz

KAPITEL 6

6.1A
ÜBUNG 1

Hotelverzeichnis, Veranstaltungskalender, Informationen über die Umgebung, Liste von Busunternehmen

ÜBUNG 2

3	a)	2	d)	1	f)
6	b)	7	e)	5	g)
4	c)				

ÜBUNG 3

1 Könnten Sie mir bitte ein Hotelverzeichnis ... zuschicken?
2 Ich wäre Ihnen dankbar, wenn Sie mir ... entsprechendes Informationsmaterial besorgen könnten.

6.2A

5	a)	8	e)	1	h)
2	b)	6	f)	4	i)
9	c)	10	g)	7	j)
3	d)				

6.2B

1 **die Lage:** verkehrsgünstig, zentral, ruhig, exklusiv
2 **die Ausstattung:** komfortabel, modern, stilvoll, exklusiv, zeitgemäß
3 **die Atmosphäre:** behaglich, freundlich, gemütlich, angenehm, stilvoll, stimmungsvoll
4 **die Küche/das Essen:** international, regional, reichhaltig, erstklassig
5 **der Service:** freundlich, aufmerksam, professionell, individuell, erstklassig

6.2C

(Musterantworten)

1	behagliches	7	gemütlichen
2	verkehrsgünstig	8	regionale
3	komfortablen	9	stilvoller
4	zeitgemäßer	10	modernes
5	erstklassige	11	aufmerksamen
6	reichhaltigem	12	professionellen

6.3A

1	nach	3	von	5	von
2	über	4	zu		

6.3B
ÜBUNG 1

1	Betten	5	Dusche
2	Einzelzimmer	6	Parkplatz
3	Doppelzimmer	7	Garage
4	Zimmer		

ÜBUNG 2

1 Hotel Gloria
2 meisten; Hotel Krone
3 größte; Hotel Krone
4 schnellsten; Hotel Krone
5 schönste; Hotel Hirsch
6 beste; Hotel Krone
7 umfangreichste; Hotel Hirsch

6.4A

1 der dritte Juni
2 am sechzehnten März
3 vom einundzwanzigsten bis zum fünfundzwanzigsten Juli
4 dem siebten Mai

6.4B

1 ..., denn es ist etwas dazwischengekommen.
2 ..., da ich eine Panne auf der Autobahn hatte.
3 ..., weil der Computer nicht funktioniert.
4 ..., weil wir im Moment Probleme mit der Produktion haben.
5 ..., denn ich finde die Kollegen sehr nett.

6.4C

(Musterdialog)

S: Guten Tag Frau Ressel, hier Schröder. Wir müssen unbedingt über die Probleme mit der neuen Serie sprechen. Können wir einen Termin für diese Woche vereinbaren?

R: Diese Woche bin ich leider zu beschäftigt, nächste Woche wäre besser. Passt Ihnen Montagvormittag?

S: Nein, das passt mir schlecht, weil ich am Vormittag schon zwei Besprechungen habe. Geht es vielleicht Mittwoch oder Donnerstag?

R: Nein, das ist leider nicht möglich, denn da bin ich auf der Messe in Düsseldorf. Aber wäre Ihnen Freitagnachmittag recht?

S: Nein, da ist unsere Betriebsratssitzung. Moment! Mein erster Termin am Montag ist um 10.00 Uhr, könnten wir uns vielleicht davor treffen? Oder ist Ihnen 8.30 Uhr zu früh?

R: Nein, das passt mir sehr gut.

S: Gut, treffen wir uns also am Montag, dem dreiundzwanzigsten, um halb neun. Auf Wiederhören!

6.5A

(Musterdialog)

A: Rega Hotel Stuttgart, guten Tag!

B: Guten Tag, hier Hauser, von der Firma Meier. Ich brauche zwei Einzelzimmer und zwei Doppelzimmer in der zweiten Juniwoche. Haben Sie da noch etwas frei?

A: Moment, ich sehe nach ... Ja, das geht in Ordnung.

B: Gut. Und was kosten die Zimmer?

A: Einzelzimmer kosten 90 bis 105 Euro pro Nacht, Doppelzimmer 115 bis 120 Euro.

B: Aha. Sind diese Preise inklusive Frühstück?

A: Ja, das Frühstücksbüffet, 15 % Bedienung und die Mehrwertsteuer sind im Endpreis enthalten.

B: OK. Und haben alle Zimmer Bad oder Dusche?

A: Ja, alle Zimmer sind mit Bad oder Dusche und WC ausgestattet.

B: Sind Parkmöglichkeiten vorhanden? Zwei Gäste werden nämlich mit dem Auto ankommen.

A: Ja, wir haben eine hauseigene Tiefgarage, die kostet 7 Euro pro Tag.

B: Gut. Dann möchte ich also zwei Einzelzimmer und zwei Doppelzimmer vom achten bis zum zehnten Juni reservieren.

A: Auf welchen Namen bitte?

B: Auf den Namen Meier, das ist der Firmenname. Die Namen der Gäste kann ich Ihnen jetzt noch nicht bekanntgeben. Können Sie mir die Reservierung schriftlich bestätigen?

A: Natürlich, Frau Hauser, das mache ich noch heute.

B: Noch eine Bitte. Können Sie mir erklären, wie man das Hotel (vom Hauptbahnhof) erreicht?

A: Am besten schicke ich Ihnen unsere Broschüre, Frau Hauser ...

6.5B

1 der Konferenz	4 eines Doppelzimmers
2 der Stadt	5 der Zentrumslage
3 der Messe	

Erweitern Sie Ihren Wortschatz
(KAPITEL 6)

B

1 Selbstwahltelefon	7 Warme Küche
2 Amtsleitung	8 geöffnet
3 Fernbedienung	9 Regal
4 regeln	10 Wäsche
5 Wertgegenständen	11 kostenlos
6 täglich	12 Anfrage

KAPITEL 7

7.1A

1 g)	3 d)	5 b)	7 h)
2 f)	4 a)	6 c)	8 e)

7.1B

1 Entschuldigen Sie, ist hier die Haltestelle für den Flughafenbus? / hält der Flughafenbus hier?

2 Entschuldigung, wie lange dauert die Fahrt/fahren wir zum Hauptbahnhof? / wie lang ist die Fahrzeit zum Hauptbahnhof?

3 Können Sie mir sagen, wo ich einen Fahrschein bekommen / kaufen kann?

4 Entschuldigen Sie, könnten Sie mir diese Banknote wechseln? / können Sie vielleicht wechseln?

5 Wissen Sie, von welchem Gleis der Zug nach [Stadt] abfährt?

6 Wie oft fahren die Züge? Ist das eine Direktverbindung?

7 Können Sie mir helfen? Ich habe meine(n) [Koffer/Handtasche] verloren.

7.2A

„Herr Bauer, Sie <u>fliegen am</u> Mittwoch <u>um</u> 16.25 Uhr <u>von</u> Wien <u>ab</u>. Sie fliegen <u>mit</u> Austrian Airlines, die <u>Flugnummer</u> ist 265. Sie <u>kommen um</u> 17.10 Uhr in München <u>an</u> und <u>übernachten</u> im Hotel Krone.

<u>Am</u> Donnerstag haben Sie eine <u>Besprechung</u> mit Herrn Braun <u>um</u> 9.30 Uhr. <u>Um</u> 13.38 Uhr <u>nehmen</u> Sie den Intercity <u>nach</u> Berlin, wo Sie <u>um</u> 18.45 Uhr <u>ankommen</u>.

<u>Am</u> nächsten Tag <u>besuchen</u> Sie die Firma Scheible. <u>Um</u> 9.15 Uhr haben Sie eine <u>Besprechung</u> mit Frau Wolf, der Verkaufsleiterin. Dann haben Sie noch einen <u>Termin</u> mit Herrn Biermann und <u>um</u> ein Uhr <u>essen</u> Sie mit Herrn Schmitz zu Mittag.

<u>Um</u> 16.20 Uhr fliegen Sie <u>ab</u> und <u>kommen um</u> 18.25 Uhr in Wien <u>an</u>."

7.2B

1 ist ... abgeflogen
2 hat ... gedauert; habe ... verpasst
3 bin ... angekommen; hat ... gegeben
4 bin ... aufgewacht; ist ... gegangen

7.3A

1 zum	3 zur	5 nach
2 nach	4 zum	

7.3B

1 zum Bahnhof
2 eine Bank
3 ist die Post?
4 komme ich zur S-Bahn-Station?

7.4A

1 beachten		4 fahren
2 halten		5 parken
3 überholen		6 einschalten

7.4B

2 Drücken Sie die Taste (gemäß der Farbe des Fahrtziels).

3 Zahlen Sie den aufleuchtenden Betrag, (möglichst abgezählt).

4 Vergessen Sie nicht das Wechselgeld.

Erweitern Sie Ihren Wortschatz
(KAPITEL 7)

A
ÜBUNG 1

```
Z U S C H L A G O G L E S A
I F T E I N S T E I G E N U
A P H A L T E S T E L L E S
U A R B O A X P A N E I S F
T N U B B L E D N W I D P A
O B T I A U I Q K E P A U H
B E L E G L E I S K L O R R
A Y O G C T G O T M E R H T
H A U E R V K R E U Z U N G
N F U N C H T D L R Z O X A
G I E S A M P E L K L O P E
D A F X H U M L E I T U N G
S C H A L T E R G L I N E R
G E P Ä C K W A G E N O N G
```

ÜBUNG 2

1 Gepäckwagen	6 Ampel
2 Zuschlag	7 Spur, Ausfahrt
3 einsteigen	8 Panne
4 Umleitung	9 Autobahn-Tankstelle
5 Biegen ... ab	

C

1 Flugschein	7 Ausreisebestimmungen
2 Bordkarte	8 Röntgengerät
3 Handgepäck	9 Sicherheit
4 Gate	10 Abflug
5 Fluganzeigetafel	11 Durchsagen
6 Kontrollen	12 Sitzreihen

KAPITEL 8

8.1A
ÜBUNG 1

konstruiert, präsentiert	fusionieren
fährt	geht ... über
fliegt	stellt ... um
wird gegründet, konstruiert	besetzen
gewinnt	beginnt

ÜBUNG 2

1 konstruierte	7 gewann
2 präsentierte	8 fusionierten
3 fuhr	9 ging
4 flog	10 stellte
5 wurde (gegründet)	11 besetzten
6 konstruierte	12 begann

8.1B

starke Verben	schwache Verben
fliegen/flog	präsentieren/präsentierte
werden/wurde	gründen/gründete
gewinnen/gewann	fusionieren/fusionierte
übergehen/ging...über	umstellen/stellte...um
beginnen/begann	besetzen/besetzte

8.1C

1 zu	3 um ... zu	5 zu
2 um ... zu	4 zu	

8.2A

(Musterdialog)

Sie: Kann ich Ihnen behilflich sein?

Besucher: Ja, ich bin Großhändler und interessiere mich für Holzkohle-Grillgeräte.

Sie: Wir haben ein umfangreiches Angebot an Grillgeräten. Sind Sie besonders an Rundgrills oder an Grillwagen interessiert?

Besucher: An Rundgrills.

Sie: Also, dieses Modell ist besonders gefragt. Es hat einen Durchmesser von 45 Zentimetern und eine Höhe von 74 Zentimetern. / Der Durchmesser ist 45 Zentimeter ...

Besucher: Und was kostet dieses Modell?

Sie: Unser Großhändler-Verkaufspreis ist 64 Mark.

Besucher: Bieten Sie auch Zubehör an?

Sie: Ja, wir haben eine große Auswahl an Zubehörartikeln, z.B. Grillbesteck, Grillanzünder und Grillreiniger.

Besucher: Und wie schnell können Sie liefern?

Sie: In der Grill-Saison, also von März bis Juli, können wir in der gesamten EU innerhalb von einer Woche liefern.

Besucher: Sehr gut. Und wie sind Ihre Zahlungsbedingungen?

Sie: 30 Tage netto.

Besucher: Gut, bitte schicken Sie mir einen Katalog und Ihre Händlerpreisliste, hier ist meine Karte.

Sie: Vielen Dank für Ihren Besuch, ich schicke Ihnen den Katalog nach der Messe sofort zu.

8.2B

1 Wenn Sie Fragen haben, stehe ich Ihnen gerne zur Verfügung. / Ich stehe Ihnen gerne zur Verfügung, wenn Sie Fragen haben.

2 Wenn Sie mehr über das Produkt wissen möchten, schicke ich Ihnen unsere Broschüre.

3 Wenn Sie mit dem Geschäftsführer sprechen möchten, vereinbare ich gern einen Termin für Sie.

4 Wenn Sie sehen möchten, wie man das Zelt aufstellt, besuchen Sie unsere Produktvorführung.

8.3

1 unser neues Reise-Canadier ADVENTURE
2 vorzüglich als Wanderboot oder als Camping- und Badeboot für die ganze Familie.
3 440 mal 95 Zentimeter
4 25 Kilogramm
5 65 mal 45 mal 20 Zentimetern
6 neun Minuten
7 drei Erwachsene und zwei Kinder
8 600 Kilogramm tragen.
9 schwarze
10 rote
11 zwei PS

8.4A

wasserdicht	Armbanduhr
pflegeleicht	Textilien
umweltschädlich	Waschmittel mit Phosphaten
stromsparend	eine elektrische Glühbirne
abgasarm	ein Motor
leistungsstark	ein Computer
rostfrei	Aluminium
hitzebeständig	eine Tischplatte

8.5A

Sehr geehrte Frau Weiss,

wir danken Ihnen für Ihren Besuch ...

In der Anlage übersenden wir Ihnen ...

Die hier abgebildeten Beispiele sind nur ein kleiner Ausschnitt aus der großen Palette unseres Möbelangebots ... wir bieten eine individuelle Lösung für jeden Geschmack ...

Ebenfalls beiliegend finden Sie ...

Selbstverständlich sind wir gern bereit, in einem weiteren Gespräch Ihre persönlichen Erfordernisse zu diskutieren und werden Sie zu diesem Zweck in Kürze anrufen.

8.5B

1	c)	3	f)	5	d)
2	e)	4	a)	6	b)

Erweitern Sie Ihren Wortschatz
(KAPITEL 8)

A

1 Glas, Stahl, Holz, Beton
2 Leder, Kunststoff, Stahl, Holz
3 Gummi
4 Leder, Kunststoff
5 Porzellan, Kunststoff, Glas
6 Leder, Wolle, Baumwolle, Kunststoff, Gummi

B

ÜBUNG 1

2 das Quadrat/quadratisch
3 das Rechteck/rechteckig
4 das Dreieck/dreieckig
5 die Kugel/kugelförmig
6 der Würfel/würfelig/würfelförmig
7 der Zylinder/zylindrisch

ÜBUNG 2

1	Fläche	4	Durchmesser
2	Seiten	5	Volumen
3	Winkel		

C

1 Schalter, einschalten
2 Drucker, drucken
3 Computer, speichern
4 Haarfön, trocknen
5 Korkenzieher, aufmachen
6 Thermometer, messen
7 Messer, schneiden
8 Generator, erzeugen

D

1	weil	3	obwohl	5	denn
2	ob	4	wenn		

E

1	kalkuliert	4	bereitgestellt
2	präsentiert	5	geplant
3	geschult		

9.1

1	transportiert	7	geröstet
2	gewaschen	8	gewürzt
3	geschält	9	freigegeben
4	nachgeputzt	10	abgefüllt
5	geschnitten	11	versiegelt
6	fritiert	12	verladen

9.2A

1	Anfrage	7	Rabatt
2	Angebot	8	Bestellung
3	Artikelnummer	9	Verpackung
4	Bezeichnung	10	Lieferung
5	Menge	11	Skonto
6	Stückpreis	12	Auftrag

9.2B

1 Artikelnummer
2 Mehrwertsteuer
3 Stück
4 Lieferung
5 mit freundlichen Grüßen

9.3A

1	c)	3	c)	5	b)	7	c)	9	b)
2	b)	4	a)	6	a)	8	a)	10	c)

9.3B

1 Informationen
2 Barzahlung
3 Erhöhung der Menge
4 Entscheidung
5 einen Anruf von der Verkaufsleiterin, Frau Peters, bekommen.

9.4A

1 Worum geht es?
2 Wer war der Empfänger?
3 Wann war der Liefertermin? / Wann sollte die Ware geliefert werden?
4 Wie viele Frachtstücke waren es?

9.4B

1	d)	3	j)	5	c)	7	a)	9	g)
2	h)	4	i)	6	b)	8	e)	10	f)

9.5B

(Musterbrief)

Sehr geehrte/r ...,
wir bestätigen das Eintreffen der Ware gemäß unserer Bestellung vom ... Leider müssen wir Ihnen mitteilen, dass die Qualität der gelieferten Ware nicht den üblichen Anforderungen entspricht. Die Tragriemen sind nämlich nicht stark genug. Deshalb können wir die Ware leider nicht annehmen und bitten Sie, die Rechnung zu stornieren.
Mit freundlichen Grüßen

Erweitern Sie Ihren Wortschatz
(KAPITEL 9)

A

1	c)	4	d)	6	b)
2	d)	5	a)	7	c)
3	c)				

B

ÜBUNG 1

1	c)	3	d)	5	b)
2	e)	4	a)		

ÜBUNG 2

1	bar	4	bar/Scheck
2	Dauerauftrag/Scheck	5	bar/Scheck/
3	Banküberweisung		Kreditkarte

C

1	wegen	5	von	9	von/über
2	an	6	bei	10	auf
3	auf	7	von		
4	über	8	an		

D

ÜBUNG 1

1	richtig	3	richtig	5	falsch
2	richtig	4	falsch		

10.1A

1 Weniger Leute werden im Baugewerbe arbeiten.
2 Die Zahl der Arbeitnehmer im Handel wird etwas fallen.
3 Die Beschäftigungszahl im Verkehrssektor wird gleich bleiben.
4 Der Dienstleistungssektor wird am stärksten wachsen.

10.1B

1	Arbeitsplatz	5	Arbeitsbedingungen
2	Arbeitsamt	6	Arbeitszeiten
3	Arbeitsmarkt	7	Arbeitserfahrung
4	Arbeitsvermittlung		

10.2A

1	Die Grundschule	4	Die Gesamtschule
2	Die Realschule	5	Die Berufsschule
3	Die Hauptschule	6	Das Gymnasium

10.2B

Georg Schreiner besucht das Gymnasium.

10.3/4A

1	c)	3	c)	5	c)	7	b)
2	b)	4	a)	6	a)	8	b)

10.3/4B

1	denken	6	überzeugen
2	zusammenarbeiten	7	beurteilen
3	umgehen	8	erkennen
4	treffen	9	finden
5	tragen	10	arbeiten

Erweitern Sie Ihren Wortschatz
(KAPITEL 10)

A

1	suchen	5	Dienstleistungssektor
2	bewirbt	6	Konkurrenz
3	Kenntnis	7	Ausbildungsabschluss
4	Nachfrage		

B

1	schien	5	wollte
2	machte	6	wurde
3	reiste	7	brachte
4	arbeitete	8	konnte

C

Der Wunschkandidat bei deutschen Unternehmen

4 Fremdsprachenkenntnisse
8 Doktorprüfung
2 Eigeninitiative
9 Studium im Ausland
6 Allgemeinbildung
1 Leistungsbereitschaft
10 Ausländischer Hochschulabschluss
7 Büroqualifikationen
3 Teamfähigkeit
5 praktische Berufserfahrung